Herder Taschenbuch 1613

Über das Buch

Wohin mit all dem mitgeteilten Leid? Vor dem nächtlichen Kaminfeuer läßt Christa Meves die Begegnungen des Tages noch einmal an sich vorüberziehen: der angefochtene Student, das süchtige Mädchen, die Mutter, die vor Kummer keinen Schlaf findet ... Werden sie ihr Schicksal wenden können? Die Gedanken der Autorin gehen zu Maria. Mittelalterliche Künstler stellten sie als Schutzmantel-Madonna dar. Doch drückt sich in dem Bild nicht eine zeitlose Hoffnung aus? Alles Leid ist bei ihr geborgen. Wir dürfen es ihr anvertrauen, denn es bedarf zunächst des mütterlichen Trostes, der verstehenden Barmherzigkeit. Das ist die Erfahrung, die dieses Buch mitteilt.

Über die Autorin

Christa Meves, geboren 1925, Studium der Germanistik, Geographie und Philosophie an den Universitäten Breslau und Kiel, Staatsexamen in Hamburg, dort zusätzlich Studium der Psychologie, Ausbildung zur analytischen Kinder- und Jugendlichentherapeutin an den Psychologischen Instituten Hannover und Göttingen. Freipraktizierend in Uelzen, Arztfrau und Mutter zweier Töchter. 1974 Wilhelm-Bölsche-Medaille, 1976 PRIX AMADE, 1978 Niedersächsischer Verdienstorden, 1979 Konrad-Adenauer-Preis, 1984 Bundesverdienstkreuz Erster Klasse.

Christa Meves

Im Schutzmantel geborgen

Gedanken über Trauer und Trost

Herder Taschenbuch Verlag

Originalausgabe
erstmals veröffentlicht als Herder-Taschenbuch

Buchumschlag: Werner Bleyer

Herder Freiburg · Basel · Wien
Herstellung: Freiburger Graphische Betriebe 1989
ISBN 3-451-08613-1

Maria ist nicht nur die himmlische Milde,
sie ist auch der Turm aus Erz,
eine unbesiegliche Festung gegen das Leid.
Du mußt sie nach ihrem Geheimnis fragen,
wie man das Kreuz heilig erträgt.
Was könnte deine Seele ihr sagen,
das sie nicht zu begreifen vermöchte!

Lucie Christine
Lourdes, 27.9.1884

*

Ich sehe dich in tausend Bildern,
Maria, lieblich ausgedrückt,
Doch keins von allen kann dich schildern,
Wie meine Seele dich erblickt.

Novalis

Inhalt

Vorwort

Der Frieden der Seele, ist er allein eine Sache von Psychotherapie? Diese Frage wurde für mich im Laufe meiner langjährigen Arbeit und durch die große Zahl der brieflichen Berichte, die mir von leidenden Menschen zugingen, immer drängender. Manche der Menschen, mit denen ich in Kontakt kam, hatten jahre- oft jahrzehntelange Behandlungen hinter sich. Sie suchten bei mir auch nicht Fortführung dieser Art. Oft waren sie vielmehr dort an eine Grenze gestoßen, eine ihnen wichtig scheinende religiöse Fragestellung hatte keine Beantwortung gefunden. Andere forschten nach der Lösung eines sie existenziell bedrängenden Problems unter Zuhilfenahme einer christlichen Weltsicht. Noch andere brauchten das Gespräch, um quälende Glaubenszweifel zu entkräften. Andere fühlten sich orientierungslos. Einige davon suchten unbewußt, andere bewußt nach Gott. Sehr viele wollten nur verstanden, getröstet und eingeborgen werden. Sie brauchten Beistand beim Tragen eines schweren Schicksalkreuzes. Das Kreuz einmal von einem mitleidenden Verstehenden angehoben zu bekommen – nur für eine kurze Weile, um Kraft zum Weitertragen zu bekommen –, das war's auch häufig. Manchmal hat das wenig mit Professionellem zu tun. Es ist eher eine Haltung nötig, die bereit ist, des „anderen Last zu tragen". Eingelernte Umgangsweisen des Fachmannes sind dabei gelegentlich weniger gefordert. „Umgang mit Notleidenden aus christlicher Sicht", hätte man das Büchlein deshalb vielleicht auch nennen können. Es möchte sich als Anregung für Christen anbieten, als ein Gegengewicht auch gegen vertechnisierte Methoden.

Die Not der Menschen heute ist eine so vielfältige Folge davon, daß das Kostbarste in ihnen, die Liebe, nicht genug Nahrung bekommen hat. Und das Defizit hat nie wirklich aufgefüllt werden können. Trotz all der vielen sozialtherapeutischen Institutionen ist in unserer Welt die Liebe in der Gefahr zu erkalten. Von Christus wissen wir aber, daß die Lebendigkeit der Liebe unter den Menschen dieser Erde der einzige Garant ihres Fortbestehens ist und daß sie von Gott an dem Zeitpunkt zum Untergang bestimmt ist, an dem wir die Liebe haben erkalten lassen.

Wir haben es schwer mit dem Lieben und haben auch nicht unbegrenzte Reservoire davon. Ja, wir müssen das Himmelsmanna selbst überhaupt erst einmal einfangen, abrufen, ehe wir es austeilen können. Wir sind klein und schwach sogar noch mit den Wasserkrügen von Jesus Christus aus dem samarischen Brunnen. Aber wir können uns – jeder auf seine Weise – mühen. Schon das Umfangen eines Menschen mit einem liebenden Blick, der aus dem Herzen kommt, aus der eigenen, schwesterlich geöffneten Seele, kann ein Trunk für den Durstenden sein, der mehr ist als eine strapaziöse Kur. Wir brauchen einander – ohne *„action"* und gekünsteltes Arrangement. Und wir können langjährig Kraft dafür gewiß nur haben, wenn wir sie sehr bewußt von daher erbitten, von woher sie allein kommt.

Dies also zu dokumentieren, ist der Sinn der kleinen

Arbeit. Es sind keine offiziellen Sprechstunden, die hier beschrieben werden. Es handelt sich eben gerade nicht – das sei noch einmal ausdrücklich gesagt – um nur Psychotherapeutisches. Es sind vielmehr gerade solche Fragen und Anliegen von Menschen gesammelt worden, die ausdrücklich anderes erwarteten oder im Verlauf des Gespräches eine religiöse Richtung nahmen. Die Einwilligungen zur Publikation sind von den Beteiligten eingeholt worden. Liebe macht eben großherzig, dankbar und schenkbereit.

Um das „Zufallende" nicht zu stören, habe ich keine große Auswahl getroffen, sondern im Laufe eines Jahres aufgeschrieben, was mir der Alltag zum Thema einbrachte. Aber ich habe dabei zunächst nicht an konkrete, wissenswerte Ratschläge für Christen in ähnlichen Lebenslagen gedacht, sondern an das Aufzeigen von Gesprächen, die ihr Grundthema aus der persönlichen Beziehung zu Gott erhalten. Ich möchte gerade diesen Versuch machen: Zu schildern, wie es möglich sein könnte, auf dem Boden dieser Einstellung Notleidenden zu begegnen. Ich habe in meinem Leben ohnehin die Erfahrung gemacht, daß es so ist, als arbeite man in seinem Lebensauftrag durch den Schöpfer mit einem Team hierarchischer, sich mehr oder weniger im Hintergrund haltender, zum Teil aber auch sehr nahe anwesender Zwischeninstanzen, zu denen man mit dem beladenen Sorgenbuckel am Abend zurückkehren kann zum Ablasten, zum Auftanken und zu neuem Angewiesenwerden. Ich komme mit diesem Teil meiner Arbeit allabendlich dankbar zu einer ebenso schwesterlichen wie erhabenen Mittlerin, zu Maria, zurück; denn ich habe gelernt, in welch wunderbarer Weise sie dafür zur Verfügung steht. Ich habe dadurch die Erfahrung gemacht, daß die Vorstellung des Menschen, keines Mittlers in der Beziehung zu Gott Vater zu bedürfen, eine bedenkliche Hybris ist; denn Er selbst, der Vater, hat uns ausdrücklich mit der Mittlerschaft durch Jesus Christus beschenkt. Dieser wiederum hat auf Golgatha seinen Jünger Johannes (und damit alle Gläubigen) an Maria als Mutter verwiesen. Marias Mütterlichkeit, die Mutter der Schmerzen nicht in Anspruch zu nehmen, scheint mir ebenso unbiblisch wie töricht. Sie hält wirklich einen Schutzmantel für uns bereit. Ihn auszusparen bedeutet Verfremdung. Auch dies möchte das Büchlein also vermitteln: Den frierenden Kindern unserer Zeit Marias trostreichen Schutzmantel anzuempfehlen.

Uelzen im Februar 1989 *Christa Meves*

Schutzmantelmadonna, Markdorf, um 1470

Einführung

Wer ist Maria? Ich brauche das eigentlich für mich selbst gar nicht zu fragen. Maria hat teil an meiner Seele. Sie ist mir inwendig tief vertraut. Wir sind nicht zwei, sondern eins. Und das ist nicht nur der Fall, wenn es gilt, einen leidgeprüften Menschen zu trösten und zu beschützen, sondern auch, wenn wir schreibend, redend, antwortend den Versuch machen, den Menschen etwas vom Wesen und der Wahrheit der Frau zu erzählen. Dann besonders sind wir ganz eins, eifrig, aktiv, ohne viel Wenn und Aber von der Notwendigkeit der Sache, von der Heiligkeit der Aufgabe überzeugt.

Nun ist mir eingefallen, das tägliche abendliche Nach-Bereiten meiner Arbeit mit Menschen in Marias Ohr zu geben und dieses mein hinbetendes Mittragen an die Freunde weiterzugeben, gewissermaßen zum erweiterten Mittun. Das ist für mich freilich gar nicht so einfach. Bisher war Maria für mich kein Gegenüber. Sie hat für mich kein bestimmtes Gesicht – trotz der vielen herrlichen Madonnengestalten, die ich mir in den Domen und Museen Europas habe anschauen dürfen. Sie muß für diesen Dienst erst mein Gegenüber werden. Ja, ich vermute, daß das so sein soll. Ich habe das dadurch erfahren, daß ich im vergangenen Jahr sage und schreibe 74 Marienbücher – ohne jede Bestellung einfach als Geschenk ins Haus geschickt bekam, mit so vielfältiger

Kunde über Maria, wie ich sie bisher nicht kannte: Die weinende Maria in Maas Mochelen, die Maria von Fatima und Medjugorje, die Maria der Bernadette, Marienvisionen, Marienromane. Die herrlichen Madonnen in den tausendjährigen Dorfkirchen Niedersachsens waren ebenso dabei wie die heiligen russischen Ikonen mit ihrem so innerlich leuchtenden Goldgrund, Maria zum Aussuchen, Maria zum Anfassen. Diese Flut, täglich neu bestauntes Erleben, sie war wie ein Dankesstrom, abgesehen davon, daß schon ein halbes Jahr davor die unabweisbare Bitte an mich herangetragen wurde, mich als Psychologin wissenschaftlich mit Maria zu beschäftigen, und daß – als ich mich gerade intensiv in diese Materie eingearbeitet hatte – der Papst das Marianische Jahr ausrief und seine Enzyklika „Redemptoris mater" erschien.

Aber sich meine Maria vorzustellen, ist dennoch ein neuer, ein ganz eigener schöpferischer Schritt. Denn mit ihr ist es schließlich nicht anders wie mit allen anderen Heiligen: Sie haben ungezählt viele Gesichter, Gestalten und Wesenszüge, so viele, wie es unterschiedliche seelische Wirklichkeiten der sie Ansprechenden, der mit ihnen Verbundenen gibt.

Wie ist sie – *meine* Maria? Ich weiß es nicht. Aber ich brauche das auch nicht zu wissen. Jeder Mensch, der mir gegenüber sitzt, ist zunächst – trotz seiner sichtbaren Gestalt – ein Fremder. Erst allmählich, erst im Laufe vieler gemeinsamer Stunden wird durch das gemeinsame Er-Fahren, durch das Hören und Zu-Neigen daraus ein erkanntes, das heißt gleichzeitig ein geliebtes Gesicht. Maria als mein Gegenüber ist mir noch fremd; aber ich hoffe, sie zu finden wie meine Patienten mich. Ich komme zu ihr wie die Leidenden zu mir: Mit einer Erwartung, mit einer Hoffnung, daß so noch mehr neue Wirklichkeit werden kann als das, was wir beide als mütterliche Frauen an den Trostbedürftigen bisher zu wirken vermochten: Ich komme des Nachts mit den weinenden Seelen meines Alltags beladen. Ich werde Maria von ihnen erzählen, weil ich weiß, daß sie nicht nur die größte Qual aller Seelenqualen angesichts des Sterbens ihres Sohnes am Kreuz durchlitten hat, sondern daß sie auch alle die vielen kleinen Sorgen erlebt und durchgestanden hat, wie sie in einem mütterlichen Alltag gang und gäbe sind; weil ich weiß, daß sie Menschenfrau ist und deshalb versteht. Ich komme aber auch zu ihr, weil ich weiß, daß sie seit ihrer Zuweisung durch Christus an Johannes auf Golgatha eine vollmächtige Fürsprecherin der Elenden bei Jesus ist. Die Mutter Jesu hat noch unmittelbares Verständnis für das Ungenügen von uns Menschen, für den Schmerz, der das Herz durchbohrt und sie ist schließlich nicht nur die demütige Dulderin, sondern die Geduldige, auch die mit uns und unserer Unverbesserlichkeit Langmütige. Deshalb ist sie auch eine so notwendige Instanz gegen den Zorn Gottes, eine für uns bei ihm um Erbarmen Zitternde; denn schließlich hängt das Damoklesschwert unserer Strafwürdigkeit drohend über den immer wieder so schwer Rückfälligen, den grundsätzlich unzureichend bleibenden Sündern, die wir alle nun einmal sind, Verfallene an eine Sündhaftigkeit, die sich durch die Hybris und die Leichtfertigkeit unserer Gegenwart als ein gottloser Zeitgeist böse manifestiert hat. Dafür brauchen wir das erbarmende Herz der Mutter! Maria kann eben wirklich jenen schützenden Mantel weit wie eine Glocke über uns Menschen hinbreiten, wie das auf den herrlichen Kunstwerken der Mantelmadonnen des Mittelalters dargestellt ist. Wir haben viel zu lange vergessen, wie sehr wir der erbarmenden Herzlichkeit der „oberen Mutter“ bedürftig sind.

Darüber hinaus brauchen wir Frauen zusätzlich ganz besonders das weibliche Vorbild. Bei aller Sanftheit trägt Christus doch auch sehr typisch männliche Züge – vor allem bei den zahlreichen biblischen Schilderungen seiner kompromißlosen Entschiedenheit. Die obere Mutter ist für uns moderne Frauen eine Möglichkeit zu einer Besinnung auf uns selbst, der Lebensrettung innewohnen kann. Das „Ja“ der Maria, einem Boten Gottes bekundet, vermittelt uns Frauen schließlich, wie wir zu einer uns gemäßen „Selbstverwirklichung“ kommen können: Indem wir die uns zugeteilten Lebensaufgaben als Dienst für unseren Gott verstehen. Wenn es sich bei diesem Auftrag um ein leibliches Kind handelt, so vollzieht sich in der Frau auf dem Boden dieses ihres bewußten Einverständnisses mit ihrem Schicksal eine Einigung mit ihrem Gott, die eine Vorwegnahme aller Einigungen jenseits des Todes sein kann. Mit dieser Einstellung schwanger zu sein, bedeutet deshalb, unmittelbarer Segnung teilhaftig zu werden, bedeutet eben bereits heilige Hochzeit mit dem wahren Vater des neuen Geistkeims.

Maria hat die Vollmacht, den Menschenmüttern diese ihre Wahrheit zu offenbaren. Und es ist keine Frage, daß es ebenso schamlos wie verbrecherisch ist, den Frauen der Moderne diese Wahrheit auszutreiben, so daß sie allerdringlichst einer Neubelebung bedarf.

Wir brauchen die obere Mutter, aber nicht nur als Vorbild, um die Kraft zur Bejahung und zum Erkennen des hochwertigsten aller Frauenschicksale, der Mutterschaft, neu zu gewinnen; wir brauchen sie auch, um das Frauen-spezifisch Kreatürliche in uns anschauen, leben und übersteigen zu können. Mit der Vorstellung, im Dienst für Gott zu stehen, können wir zum Beispiel unsere putzsüchtige Eitelkeit, unsere konkurrenzsüchtigen Machtgelüste über Mann und Kinder und die Hexenhaftigkeit unserer Übermutterungstendenzen überwinden. Ohne die Ausrichtung an dem Wesen von Maria, ohne die Bemühung (unter Verzicht auf den Anspruch von Muttervorrang und Mutterwürde!) lebenslang gemeinsam mit den Brüdern und Schwestern „den Willen des Vaters“ zu tun, entarten wir Frauen nur allzu leicht zur Dankbarkeit heischenden Familienpotentatin. Täuschen wir uns nicht: Das flotte, autonome Attraktionsobjekt mit der busenlosen Dürre, dem staksigen mannequinhaften (Gaukel)gang und dem zerschminkten und gelifteten Katzengesicht ist ein elender Triumph des Teufels und eine Folge der Gegebenheit, daß der abtrünnige Mensch der Moderne glaubte, Maria nicht mehr nötig zu haben. Für die Frauen ist das oft geradezu tödlich, um so mehr, je mehr sie besonders beseelt, besonders weiblich angelegt sind. Aber auch für die Männer ist die obere Mutter als Vorbild unentbehrlich, können doch auch sie ihre Sehnsucht nach Vollendung nicht stillen, wenn sie nicht die Weiblichkeit des Herzens, die Barmherzigkeit in sich selbst zu wecken und zu leben suchen. Auch selbst den Frommen unter ihnen tut es nicht gut, wenn sie versuchen, mit einem Sprung in die unmittelbare Nachfolge zu steigen. Ich habe so oft erlebt, daß aus der noch nicht wirklich gereinigten Radikalität dann eine kalte Unbarmherzigkeit entspringen kann, eine Hartherzigkeit und Enge gegen Brüder und Schwestern, die unversehens pharisäisch wurde, und damit gerade das Gegenteil von dem erreichte, was Christus wirklich meint!

Ich will auf die Suche nach meiner Maria gehen. Schauen wir zusammen ins nächtliche Kaminfeuer, das dem Brand unseres Herzens für Gott entspricht, so mag sich – so ER will – herausbilden, was wir so lebenswichtig brauchen: Das Antlitz der gütigen Gottesmutter und eine Hilfe für die so große Not unserer Tage.

Minderwertigkeitsgefühl und Christsein

„Meine Ausbildung zur Gemeindereferentin habe ich nach drei Semestern abgebrochen“, berichtet das hübsche, helläugige Mädchen, das sich mit der Bitte um Rat bei mir angemeldet hat, „ich habe nämlich inzwischen voller Entsetzen gemerkt, daß es mir um meine Mitmenschen gar nicht geht bei der angestrebten Sozialarbeit; denn ich kann gar nicht lieben. Die meisten Menschen sind für mich störend bis lästig. Aber fairerweise muß gesagt werden: Mich selbst mag ich auch nicht. Ich finde mich häßlich, unbegabt, durch und durch blöd. Ich habe herausgefunden, daß ich diese Ausbildung zu einem sozialen Beruf überhaupt nur gewählt habe, damit ich durch mein Tun vielleicht doch von irgendwem irgendwann einmal anerkannt werde, um mich eines Tages vielleicht doch selbst wenigstens etwas mehr leiden zu können. Das war der ganze Zauber! Es hat mich fast umgeworfen, als mir das klar wurde. Das ist ja der reinste Selbstbetrug, nein, mehr, es ist sogar ein Betrug Gottes. Schließlich handelt es sich bei dieser Berufsausbildung um eine kirchliche Einrichtung. Ich bin von Haus aus katholisch, und ich habe mich bisher immer für gläubig gehalten. Der Ausspruch von Christus: ‚Du sollst Gott lieben von ganzem Herzen und ganzem Gemüte und deinen Nächsten wie dich selbst‘, hat mir sehr eingeleuchtet bei meiner Berufswahl. Aber nun dieser

Hammer! Der Anspruch des Christentums ist für mich einfach zu hoch. Ich werde ihm nie genügen können! Zu Hause war ich die Älteste von sechs Geschwistern. In einem Abstand von sieben Jahren zu mir bekamen meine Eltern noch fünf Buben. Die habe ich praktisch alle mitaufgezogen. Ich kann mich nicht erinnern, daß ich als Kind je gespielt habe. Ich war das Kindermädchen meiner Mutter."

„Selbsterkenntnis ist immer der erste Schritt zur Besserung", entgegne ich, „ich stehe voller Hochachtung vor Ihrer schonungslosen Ehrlichkeit und Selbstkritik. Menschen, die unbewußt eine Berufswahl treffen, um ein seelisches Defizit aufzufüllen, fühlen sich nämlich in ihrem Helferberuf meist schnell überfordert und enttäuscht; denn selten beantworten Menschen, denen seelisch geholfen wird, diesen Dienst mit Anerkennung, Anhänglichkeit und Dankbarkeit. Das Ausbleiben dieser Bedürfnisbefriedigung aber macht den Helfer dann unbewußt aggressiv gegen die Menschen, weil sie die unbewußte Hoffnung nicht erfüllen, und das wiederum führt zu mancherlei Ungerechtigkeiten, ja zur Härte und distanzierter Kälte der im Helferberuf Stehenden.

Ihr Studienabbruch war deshalb sicher ebenso konsequent wie tapfer und richtig. Und sind das etwa keine außerordentlich wertvollen Eigenschaften? Erkennen Sie bitte, wie sehr Ihre Minderwertigkeitsgefühle eine Fehleinschätzung Ihrer Person sind, ein sicher ganz schön tief eingeprägtes, aber doch ein falsches Etikett auf Ihrem Charakter. Schauen Sie, durch Ihren selbstlosen Einsatz für die kleinen Geschwister allein sind Sie auf der Jakobsleiter sicher schon auf einer sehr viel höheren Stufe als wir alle zusammen; denn vor Gott gilt weder die Schönheit noch die Klugheit, noch die Jugend. Vor Gott gilt schließlich als Maßstab allein die Liebe. Und es gehört auch zur selbstquälerischen Abwertung Ihrer Person zu meinen, Sie hätten von diesem kostbaren Himmelslicht gar, gar, gar nichts abbekommen. Nein, man hat Ihnen nur zur Unzeit in der Kindheit ein Unmaß davon abgefordert. Und dagegen wehrt sich Ihr Selbstbehauptungstrieb. Er tut das mit einem Automatismus, den vermutlich auch unser liebender Vater Gott in die Konstruktion Mensch eingebaut hat; denn Gott will, daß wir zunächst eine innere Ausgeglichenheit entwickeln, daß wir von einer festen runden Basis aus zum Überschreiten des irdischen Seins starten. Was Sie brauchen, ist zunächst eine Erholphase von der Beanspruchung durch Menschen, einen ruhigen Job, der Sie seelisch zur Ruhe kommen läßt, der Ihnen Zeit und Raum gibt, eine eigene Wunschwelt zu entwickeln, vielleicht eine Zeitlang auch die Begleitung durch einen mütterlichen Seelsorger, um Ihre kindlichen Bedürfnisse nachzubefriedigen. Ich glaube nicht, daß Sie für alle Zeiten unfähig sein werden, Menschen zu lieben und ihnen zu helfen. Im Gegenteil: Haben Sie erst einmal intensiv Ihre eigene Hilflosigkeit leidend angenommen, erlebt und den Weg heraus erfahren, dann können Sie später sehr viel überzeugender den Schwestern und Brüdern ohne Überheblichkeit zur Seite stehen."

„Aber wie mache ich es, daß ich dann nicht an meinen Minderwertigkeiten verzweifle?" fragt das junge Mädchen.

„Das ist für den Christen ganz einfach", antworte ich, „indem Sie nicht mit dem „Du *sollst* Gott lieben" beginnen, sondern mit der Einsicht, daß Gott Sie seit Ihrer Existenz hier auf der Erde ohne jede Bedingung liebt. Er hat Sie geschaffen, er hat diesen Entwurf einer seelenvollen schönen Frau gewollt, er hat dies aus sich heraus entäußert und Sie mit der Geborgenheit des Mutterleibes hier auf der Erde ebenso beschenkt wie mit der Geborgenheit des Geistes, in der die Erlösungsmöglichkeit vom Tod durch die Taufe mit einbegriffen ist – einfach so, ohn' all Verdienst und Würdigkeit. Das Wichtigste für Sie ist es, sich täglich viele Male an dieses Wunder zu erinnern: An das Beschenktsein mit bedingungsloser Liebe – und darin Ihre kleine geschundene Seele gewissermaßen zu baden: Es ist schon jetzt alles, alles gut; denn ich bin ein Kind dieses Vaters! Ich werde geliebt, ich bin angenommen, anerkannt, ich bin so gemeint, wie ich bin. Lassen Sie diese Erkenntnis wirken, unterstreichen Sie sie durch gottesdienstliches Leben, und Sie werden sehen: Alles andere, die Kraft zum Zurücklieben schafft Gott dann ganz von allein in Ihnen. Und eines Tages ist die Liebeskraft so groß, so voll, daß in Ihnen das Bedürfnis wächst, die Wahrheit, die Liebe, nun auch zu tun!"

Dorothea geht. Sie schaut mich mit großen, zufriedenen und glücklichen Augen an.

Hader mit der Krankheit

„Mit Gott habe ich jetzt überhaupt nichts mehr am Hut. Schließlich habe ich oft genug darum gebetet, daß ich diese widerwärtige Gelbsucht endlich wieder loswerde. Aber nein, niemand hilft mir, weder Gott, noch die Ärztin, noch Sie. Wie ich all diese viele Diät hasse! Ich will das essen, was die anderen auch essen. Und überhaupt, wie soll ich denn weiter Christ bleiben? ‚Gott ist die Liebe', sagt unser Pastor. Na, hören Sie mal, ich merke nichts davon! Meine ganze Kindheit hindurch habe ich leiden müssen. Aber so viel weiß ich: Wenn ich ein Kind hätte, das so leiden müßte wie ich, und gleichzeitig hätte ich die absolute Macht, das zu ändern – ich würde das doch sofort tun! Ich ließe doch mein Kind nicht sehenden Auges in einem solchen Schlamassel sitzen! Was hat denn das mit Liebe zu tun? Grausam ist es, sadistisch! Meinetwegen kann es ja Gott geben – aber daß das ein Vater ist, der mich liebt, so wie zum Beispiel mein leiblicher Vater hier auf der Erde, der alles tut, was in seiner Macht steht, um diese widerwärtige Krankheit zu bekämpfen – das kann ich doch gar nicht glauben können!" Dörte schaut mich zornblitzend an.

Ja, ich gebe ihr recht. Ja, ich bin mit ihr ratlos. Ja, ich möchte einfach nur antworten: Gewiß Dörte. Und wenn es nach mir ginge, wenn mein Beten für Dich geholfen hätte, wärst Du gewiß längst heil von dieser scheußlichen, gefährlichen Infektionskrankheit. Ich weiß auch nicht, was ich antworten soll – scheint doch auch jede Antwort eines nichtleidenden Gesunden wie eine Anmaßung.

Aber dann höre ich, wie Dörte etwas gesagt wird, mit meiner Stimme, mit meinem Mund, ... Ich höre selbst angestrengt zu; denn es sind neue, von mir noch nie gedachte Gedanken. „Schau, Dörte", höre ich, „diesem Geheimnis wirst Du sicher nur näher kommen, wenn Du zweierlei im Auge behältst: Die Liebe Gottes ist sicher etwas, das menschliche Liebesweisen weit übersteigt. Was das soll, daß er Dir dies lange Leiden zumutet, wissen wir beide nicht. Aber Du kannst Dich darauf verlassen, daß es etwas absolut Gutes ist. Viele gläubige chronisch Leidende sind durch ihre Krankheit reif geworden, das sehen wir an der Erfahrung: Bescheiden, nachdenklich, fügsam, still, dankbar. Viele haben letztlich auch im Hinblick auf ihre Zufriedenheit eine bessere Lebensbilanz als die, die im äußeren Glück schwammen.

Das ist das eine. Andere haben mir berichtet, daß die Erfahrung ihres Leidens sie mit vorher unbekannten Eigenschaften beschenkt hat: Mit Geduld, mit Freude an kleinen Dingen in der Abwesenheit von Schmerzen, zum Beispiel dem Gesang eines Vogels, einem besonnten Morgen, einer stimmungsvollen Nacht.

Bei noch anderen ist eine Veränderung der Umwelt eingetreten: Eine Abkehr der Angehörigen von einer seichten Lebenseinstellung und einer leichtsinnigen Lebensform. Und bei noch anderen ist von den Kranken ein Licht ausgegangen, eine Vorbildhaftigkeit im Ertragen des Leids. Auf jeden Fall gibt es offensichtlich eine große Zahl von Verwandlungen der allerwertvollsten und segenbringenden Art. Gottes Liebe ist anders. Er mutet uns Menschen Leidvolles zu. Er läßt es zu, er kann und darf es wohl auch nicht immer sofort abstellen, wie mit Zauberhand wegpusten. Aber er hat immer durch alles Elend hindurch unser Wohl, unsere Seligkeit im Kopf, das ist gewiß. Darauf können wir uns verlassen. Das zu glauben, lohnt sich sehr; denn es befreit von der Hölle, gegen das auferlegte, unabänderliche Leiden zu meutern. Das Annehmen dieses Schicksals, das Gebet: „Herr, laß diesen Kelch an mir vorübergehen, aber nicht mein Wille, sondern dein Wille geschehe“, stellt in die Nachfolge des Gekreuzigten und macht mitten in Leid, Gefangenschaft und Todesnot hier im Leben schon Himmel möglich: In der Einigkeit mit dem leidenden Christus zu stehen, wie er für das Heil zu leiden – vielleicht sogar stellvertretend für Sünder in der eigenen Familie – vielleicht als Auszeichnung und Probe auf Glaubensfestigkeit. Schließlich mutete Gott Vater seinem Sohn ein Übermaß des Leidens aller Leiden zu – aus Liebe für ihn und für uns.

Nimm Dein Schicksalsleiden an, Dörte; denn das ist die Voraussetzung dafür, daß Gott seine Wunder tun kann.“

Eine Versuchung

Daß die junge Frau, die mir gegenüber sitzt, an einer Depression leidet, ist nicht zu übersehen. „Ich habe eben so nahe am Wasser gebaut", entschuldigt sie sich für den Tränenstrom, der unaufhörlich aus ihren Augen quillt. Grund zur Trauer hat sie nicht. Alles sei in Ordnung: Prächtig gedeihen die drei Kinder im Schulalter. Der Mann ist fleißig und ordentlich. Er hielte sie, seine Frau in Ehren, er sei auch großzügig mit Geld, und da er wohlhabend sei, gönne er ihr sogar auch noch eine Putzfrau. Sie hätte einige schöne Hobbys, Teppichstickerei und Schwimmen. Sie sei sehr aktiv am Gemeindeleben beteiligt. Diese Kirchennähe sei freilich nichts für ihren Mann: ‚Ich glaube anders an Gott', sagt er ‚dieses viele Spektakel liegt mir nicht'.

Jahrelang habe sie an einem sehr schönen Hauskreis teilgenommen; aber da ginge sie nun nicht mehr hin.

Neuer Tränenstrom unterbricht den Redefluß.

„Warum nicht?" wage ich nachzuhaken; Schulterzukken: „Das weiß ich ja eben nicht. Weil ich so traurig bin", entfährt es ihr mit einem fast ein wenig ärgerlichen Unterton.

„Hatte es denn im Hauskreis Unstimmigkeiten gegeben?" taste ich. Heftiges Kopfschütteln.

„Manchmal", versuche ich, „ist auch in der Tat nicht zu wenig, sondern zuviel Einklang die Ursache dafür, daß man an eine Grenze gerät. Wenn man sich verheiratet hat, ist man schließlich nicht automatisch dagegen gefeit, sich noch einmal, ja, sogar mehrmals neu zu verlieben."

Zwei schwarze Augen kommen mit einem dankbaren Leuchten auf mich zu. „Na und wie", seufzt die junge Frau wie erleichtert. „Ach, wissen Sie, da war ein nicht mehr ganz junger Mann in unserem Hauskreis, dem war die Frau weggelaufen. Er hatte eine so tiefe und doch unaufdringliche Frömmigkeit. Er war nachdenklich und klug. Mir gefiel das alles so gut – eben besonders diese Art von Glauben. Es war zwischen uns eine tiefere geistliche Gemeinsamkeit, als ich sie mit meinem Mann je hatte. Regelmäßig brachte mich dieser einsame Mann nach unseren Hauskreisabenden in seinem Auto nach Hause. Und irgendwann, in einer warmen Sommernacht, fuhr er mit dem Wagen auf einen Parkplatz und begann mich zu streicheln, *nur* zu streicheln. Es war wunderbar. Nie war je ein Mensch so zu mir gewesen. Ich war vollkommen hingerissen.

Dieses Zwischenspiel wurde schließlich zu einer Gepflogenheit; und eines Tages sagte mein Freund: ‚Ich weiß, ich darf Dich nicht aus Deiner Familie herausholen, ich weiß, ich darf auch nichts mit Dir anfangen; aber ich liebe Dich ganz unsäglich, und ich habe große Sehnsucht nach Dir'.

Drei Nächte habe ich nicht geschlafen. Ich habe meinen Gott und Jesus Christus angefleht, mir zu helfen. Ja, ich hatte auch große Sehnsucht nach diesem Mann. War er nicht doch der ganz richtige Partner? Würde ich mit ihm nicht auch in dem mir wichtigsten Bereich, dem kirchlichen, Gemeinschaft haben können, ganz anders als mit meinem Mann? Gab es hier nicht eine hundertprozentige Übereinstimmung – tiefer als die mit meinem Mann? In der Gemeinschaft mit ihm blieb doch immer ein Rest von Verschiedenartigkeit bestehen? Ich war drauf und dran, meinem Mann ein Geständnis zu machen und ihn zu bitten, mich freizugeben; da sagte er am Sonntagmorgen am Frühstückstisch: ‚Ach, Petra, du bist doch die Beste! Wie schön du wieder alles gemacht hast, und wie glücklich wir vier zusammen sind! Denk mal, nun wollen sich auch Müllers von nebenan scheiden lassen – was für ein Wahnsinn! Schon dieses Aufteilen der Kinder! Ich glaube, so etwas würde ich einfach überhaupt nicht durchhalten‘.

‚Brauchst Du ja auch nicht‘, sagte da altklug unsere Elfjährige. ‚Ihr haltet ja schließlich wie Pech und Schwefel zusammen‘.

An diesem Morgen habe ich mich hingesetzt und meinem Freund einen Abschiedsbrief geschrieben. Seitdem vermeide ich alle Gelegenheiten, ihm zu begegnen – deshalb gehe ich zur Zeit auch nicht mehr in die Kirche."

Neuer Tränenstrom. „Aber nun gehe ich doch einfach unter. Es ist wie ein Schacht." Ersticken der Stimme.

„Nein", wage ich tröstend zu widersprechen, „nicht Schacht, sondern Tunnel. Bitte, versuchen Sie sich doch liebevoll zu verstehen: Sie haben diesen Mann tief geliebt, und Sie haben sich aus Verantwortung für Ihre Familie einen schweren Verzicht aufgebürdet. Sie haben so aber ihr Liebstes verloren! Und das tut vielleicht sogar noch mehr weh als der Tod eines sehr nahen Menschen. Sie haben keine endogene Depression. Sie trauern über einen Verlust! Sie sollten darüber nicht den Kopf schütteln und alles zu verdrängen suchen. Angenommene, verarbeitete Trauer geht vorüber! Bitte, streichen Sie nicht aus Ihrem Gedächtnis, daß Sie einen außerordentlich harten, kräfteverschleißenden Kampf geführt, und daß sie ihn siegreich beendet haben; denn Ihre Bereitschaft, die Familie nicht zu zerstören, ist eine große Leistung, eine tief achtenswerte Tat, nicht für Ihre vier daheim allein, sondern auch für Gott! Und seien Sie gewiß, daß ER Ihnen helfen wird, die Trauer zu überwinden, und daß Ihre Haltung für Ihre Familie zum Segen werden wird. Unser Gott ist nicht nur ein aufmerksamer, er ist auch ein dankbarer Gott. Wenn er erlebt, daß eins seiner Kinder die ihm geschenkte Freiheit nicht zur Maßlosigkeit fehlnutzt, sondern Entscheidungen aus Verantwortung und opferbereiter Liebe trifft, den liebt unser Gott so tief, wie es selbst Ihr liebevoller Freund nie hätte schaffen können. Sie werden das erfahren", gebe ich der Frau ein, „es ist nie anders! Der Tunnel der Trauer ist vermutlich bald schon durchschritten, und dahinter ist das gelobte Land, und das will sagen: Eine neue reife Stufe geläuterter Freude, die dem tapfer durchgestandenen Leid entspringt."

Kein neues Tempotaschentuch ist mehr nötig. Wie aus einem Jungbrunnen aufgestiegen schaut mich die Frau abschiednehmend an. „Ich glaube, der Tunnel ist just schon hinter mir", lächelt sie, „danke! Und ich dachte schon, ich müßte in die Psychiatrie."

Das Kaminfeuer knistert. Wir stellen uns das Magnifikat an. Anima mea ... Wir freuen uns und bitten Jesus Christus um Kraft für diese tapfere Frau.

Verwünschungen

Mehr als den blonden Strubbelkopf des jungen Mädchens, das vor mir sitzt, bekomme ich zunächst kaum zu sehen. Es hat sich so weit vorgeneigt, als wolle es seinen Kopf in den Körper einrollen. In mir seufzt es. So wird das Mädchen keine Möglichkeit haben, sich auszusprechen. Wie breche ich das Eis? Ich habe eine große Abneigung dagegen, die Hemmung mit Schweigen zu beantworten. Nur allzu oft steigert sich dann die Spannung bis zur totalen, nicht mehr lösbaren Sprechblockade, da das Stummsein des Behandlers als drangvolle Aufforderung erlebt wird. Smalltalk bewährt sich mehr. Ich frage nach der Fahrt, bedauere den langen Weg durch den naßkalten Graupelregen, erkundige mich nach dem Quartier, das das Mädchen bezogen hat.

Leichtes Anheben des Kopfes, kleiner, scheuer Blick, immerhin schon einmal aus einem Augenwinkel. Plötzlich dann der Ausbruch: „So etwas wie mich haben Sie bestimmt in ihrem ganzen Leben noch nicht zu sehen bekommen“, stößt sie in Todesverachtung hervor. „Ich bin eine Hexe.“

„Oh“, erwidere ich, „so selten ist das heute nicht. Im Gegenteil, es ist geradezu en vogue.“

„Nein, nein“, protestiert Anette nun sehr lebhaft. „Mit diesem modischen Unsinn habe ich nichts zu tun. Nichts liegt mir ferner, als mit so etwas zu kokettieren.

Im Gegenteil: Meine Hexenhaftigkeit schockiert mich, ja, sie macht mich krank; so darf es nicht weitergehen! Deshalb bin ich hier."

„Wie sieht das im einzelnen aus?" will ich wissen. Und nun kommt, von Tränen geschüttelt, ein Bericht des Entsetzens.

Im Alter von vierzehn Jahren ist Anette zur Tanzstunde gegangen; aber das wurde eine Katastrophe. Immer schon war es ihr schwer gefallen, Kontakte zu knüpfen; denn sie hat ein entstelltes Gesicht, das die Gleichaltrigen offenbar abstieß. Als Fünfjährige hatte ihr ein Auge entfernt werden müssen, das von einem bösartigen Tumor befallen war. Seitdem trägt sie ein Glasauge. Dazu war sie zusätzlich von der Natur stiefmütterlich behandelt worden. Denn sie hat eine gedrungene, pummelige Gestalt und ein breites Gesicht mit einer unförmigen Nase. In der Tanzstunde tanzten die Jungen nur mit ihr, wenn sie dazu vom Lehrer ausdrücklich genötigt worden waren. Aber immer wieder geschah es, daß sie voll tiefer Verzweiflung als Mauerblümchen dem munteren Treiben zusah.

Einmal hörte sie, wie ein Junge, während er an ihr vorbeitanzte, zu seiner Partnerin sagte: ‚Da glotzt die blöde Schielschnecke wieder aus ihrer Ecke.' Und dann waren beide in ein schallendes Gelächter ausgebrochen.

„Ich habe daraufhin den Jungen nicht mehr aus den Augen gelassen", berichtet Anette, „und habe ganz intensiv zu ihm hingedacht: ‚Ich wünsche Dir den Tod. Du sollst sterben, ich wünsche Dir den Tod, Du böser Mensch.' Auch als der Tanzkurs längst vorüber war, habe ich das oft noch gedacht, und wenn ich ihn sah – er ging ja in die gleiche Schule wie ich –, habe ich meine Verwünschung geradezu wie ein unsichtbares Maschinengewehrfeuer auf ihn abgeschossen. Er kümmerte sich natürlich nicht darum. Er übersah mich grundsätzlich. Aber dann erschütterte plötzlich die Nachricht unsere Schule, daß dieser Junge mit seinem Mofa tödlich verunglückt sei. ‚Man weiß eigentlich gar nicht, wie das geschah', berichtete eine Mitschülerin. ‚Er ist plötzlich auf gerader Straße, die nicht einmal irgendwie glatt war, von der Fahrbahn abgekommen und mit voller Wucht gegen einen Baum geprallt. Er war sofort tot'.

Ich war erstarrt vor Entsetzen. Aber nun kommt eigentlich erst das wirklich Schlimme", erklärt Anette, „statt nun in Zukunft meine Gedanken zu hüten, geschah es mir immer öfter, daß ich jemandem, der mich aufregte, den Tod wünschte. So sah ich einen Film mit Rock Hudson. Ich fand den Schauspieler darin so blasiert und stellte mir vor, was für ein Luxusleben so ein Star führt und dachte: ‚Für Dich wäre es auch besser, wenn Du tot wärst'. Schon nach einigen Tagen hörte ich, daß der große Schauspieler an AIDS erkrankt sei und im Sterben läge.

Seitdem habe ich noch einer ganzen Reihe weiterer Leute mit Erfolg den Tod an den Hals gewünscht. Aber ich will nicht mein Leben lang auf der Seite des Bösen stehen! Nur, ich kann mich davon nicht mehr befreien, und ich finde mich so, so widerwärtig dabei! Fast wie ein böser Zwang ist das schon", endet sie ihren Bericht.

„Bitte, Anette: Als erstes gilt es für Sie zu verstehen: Wenn Ihre Verwünschungen dazu führen, daß Sie sich immer tiefer verachten, kann sich Ihre Not nur verschlimmern. Selbsthaß bewirkt Menschenhaß. Diesem Teufelskreis entfliehen können Sie nur, wenn Sie den Versuch machen, sich zu verstehen und auf dem Boden der Selbsterkenntnis dann bessere Wege einschlagen.

Schauen Sie: Kein Mensch kann leben ohne Anerkennung, wenigstens einer der Menschen in seiner Umwelt muß es sein! Sie sind in der Schule – durch Ihr hartes Schicksal bedingt – zu einer Leidenden geworden, zu einer Einsamen. Aber das bewirkt nun einmal in der Seele Angst, Verzweiflung und schließlich Zorn. Sehen Sie, und hier ist es mit unserer Seele gar nicht so viel anders als in der Physik. Sie können in ein begrenztes Gefäß nicht fortgesetzt jede Menge Wut einspeichern, ohne daß nicht ein Überdruck entsteht, wenn nicht irgendein Ventil geschaffen wird. Dieser Überdruck aber muß sich unweigerlich auf irgendeine Weise Luft schaffen; und wenn auch nur in Form aggressiver Gedanken. Diese werden aber umso ungebremster hervorquellen, je mehr man das mit seinem Willen zu verhindern sucht. Damit verhält man sich ähnlich, als wenn man ein Gefäß mit einem hochexplosiven Stoff immer zuzupressen und zusammenzudrücken sucht. Er muß explodieren, und er tut das undifferenziert, ebenso grob wie eine Sprengbombe.

Wir Menschen haben angesichts dieser groben Reaktion in der Natur in uns freilich eins vor den Tieren und den Gesetzen der Erde voraus: Wir können die Prozesse durchschauen, wir können sie bereits durch das Erkennen ein Stück entschärfen, nämlich sie ihrer Unheimlichkeit entwinden, und wir können die Kräfte, die wir aufgedeckt haben, dann in konstruktive Bahnen lenken.

Jeder Mensch hat irgendwelche Schwachpunkte, ob nun in seinem Äußeren oder in seinem Inneren. Aber jeder hat auch starke Seiten. Sie haben bestimmt Begabungen, die Sie ausbauen können, die Sie zu einer Fachfrau machen, sodaß Sie von dorther Anerkennung in Ihrer Umwelt finden."

„Ja", nickt Anette eifrig, „meine Berufswahl, die ist mir schon völlig klar: Ich will Orthoptistin werden; ich habe durch meine Augen so viel gelitten, daß ich meine, auf diesem Gebiet nicht nur praktisch, sondern auch menschlich eine Menge leisten zu können. Ich habe mich in das Gebiet als Hobby schon ganz tief eingearbeitet, so daß ich jetzt manchmal schon dem einen oder dem anderen raten kann."

„Schauen Sie, da haben Sie praktisch doch den Weg aus der Sackgasse bereits vorgebahnt! Es ist eine großartige Chance, eigenes Leiden in Mitmenschlichkeit umzusetzen. Und darüber hinaus brauchen Sie einen Mülleimer für Ihren berechtigten Ärger über taktlose Kränkungen. Sie dürfen mir schreiben, Sie können auch die Leute von der Telefonseelsorge dafür in Anspruch nehmen. Vielleicht finden Sie auch bald eine Freundin oder einen Freund, bei denen Sie den Dampf ablassen können; denn sonst spielt Ihre Seele ohne Ihren Willen Hexe."

„Aber meinen Sie denn, daß ich nicht wirklich mitschuldig bin an dem Tod meines Mitschülers?"

„Das ist prinzipiell unwahrscheinlich", erwidere ich. „Die Kraft der Gedanken, die dazu nötig wäre, müßte vermutlich stärker sein als die, die einem normalen Menschen zur Verfügung steht; aber genau kann keiner etwas darüber aussagen. Gedanken sind auch Kräfte; wir sollten das nicht unterschätzen, und deshalb ist es gewiß sinnvoll, daß wir uns um einen positiven Grundtenor auch in unseren Gedanken bemühen.

Aber, wie gesagt: Das läßt sich nicht erzwingen! Man muß sich mit Herz, Verstand und Geduld die Voraussetzungen dafür schaffen in dem Sinn, wie wir es miteinander besprachen."

„Noch eine Frage“, fügt Anette an, die mittlerweile gelöst und mit offenem Gesicht vor mir sitzt: „Meinen Sie, daß mir die Beichte und die Eucharistie darüber hinaus mithelfen könnten? Ich bin katholisch, praktiziere aber seit der Firmung nicht mehr.“

„Wenn Sie in diese Vorgänge das Vertrauen in einen unendlich großherzigen, Sie verstehenden, Sie liebenden Vater mit hineinnehmen, von dem Sie wissen, daß er Sie annimmt, daß er Ihnen vergibt, vielmehr als Sie bisher Verständnis für sich selbst hatten, dann kann eine ganz große beruhigende Wirkung davon ausgehen.“

Anette nestelt an ihrer Tasche, raschelt mit einem Stück Seidenpapier und hält mir eine herrlich erblühte lachsfarbene Rose entgegen: „Für Sie“, sagt sie.

Da steht die herrliche Blume nun auf dem Kaminsims, neben deinem Bild, Maria, noch verschönt durch eine schlanke Silbervase. Anettes Seele guckt gleichsam daraus hervor. Wie durfte sie all die äußeren Hüllen durchbrechen! Wie begann sie von innen her zu leuchten mit ihrem einen Auge und den von der Erregung hell geröteten Wangen.

Helle Seele kann auch beschädigte und geminderte Hülle unwesentlich, ja unwirksam machen. An Anette habe ich das erfahren.

Maria neigt sich dem Duft an ihrer Seite zu.

Irrungen – Wirrungen

„Ach, ich fühle mich so schmutzig“, klagt das 17jährige Mädchen auf dem Sitz mir gegenüber. Tränen tropfen aus der Nase und zerfließen auf der Jeanshose. „Und dabei hat mir gerade ein Junge aus unserer Gruppe einen Brief geschrieben und mich gebeten, mit ihm zu gehen. Der ist enorm sauber, wissen Sie. Der macht nicht mit, wenn andere ihre Witze reißen und so von Mädchen zu Mädchen flattern. Ich möchte schon gern ja sagen. Aber wie soll ich seiner je wert sein? Bei mir ist im Grunde für alle Zeiten alles verpfuscht.“

Schluchzen – lang anhaltend. Aber dann schafft sie es doch, ihre Geschichte zu erzählen, ihre Kindheit mit einem behinderten Bruder, der drei Jahre älter ist, von dessen Pflege die Mutter über alles Maß in Anspruch genommen war, die Kindheit in einer rheinischen Großstadt ohne einen Vater, der früh das Elend im Stich gelassen und sich eine neue, heilere Familie aufgebaut hatte. Bericht über eine Mutter, die schließlich einer tablettenabhängigen Depression verfallen war. Sybille schildert ihre Einsamkeit, ihr vieles Alleinsein, die Abgeschottetheit ihres Elternhauses nach außen.

„Da bekamen wir einen jungen Helfer in unsere Gemeinde. Er machte eine fabelhafte Jugendarbeit. Ich himmelte ihn an. Eines Tages sagte er zu mir: ‚Sybille, du hast so traurige Augen, komm doch einmal zu mir nach

Hause.' Nichts tat ich lieber als das. Ich heulte mich bei ihm aus, und er tröstete mich mit einer wunderbaren Zärtlichkeit. Von da an ging ich immer öfter zu ihm. Bei einem unserer Treffen habe ich mich ihm dann ganz hingegeben. Es schien mir eigentlich das Selbstverständlichste von der Welt zu sein. Aber hinterher wurde es dann schlimm. Meine Gewissensbisse machten mich schlaflos. Ich konnte nicht mehr kommunizieren und erst recht nicht beichten. Ich wich dem Theo aus, obgleich er mich mehrmals bat, doch wiederzukommen. Ich bin in einer inneren Unordnung, wie ich mir es nie hätte vorstellen können. Und obgleich doch Theo angefangen hat, so weit zu gehen, habe ich immer das Gefühl, ihn verführt zu haben. Im Grunde kann es doch auch in ihm nicht weniger chaotisch aussehen als in mir. Aber darüber will ich mich nicht mit ihm auseinandersetzen. Sicher würde er mich dann doch nur überreden wollen, weiter zu ihm zu kommen, und seinen Argumenten wäre ich nicht gewachsen."

Ich weiß keinen psychotherapeutischen Rat; denn das sensibilisierte Gewissen dieses Mädchens läßt offensichtlich nicht zu, daß es das Vergangene hinter sich läßt und eine neue Beziehung beginnt. Und wie berechtigt ist sein Bedürfnis nach Bereinigung.

Mühsam setze ich dazu an, der kleinen Katholikin zu raten, zunächst ortsfern zu beichten, und danach alles in der Kommunion in die heilende Kraft des Arztes Jesus Christus zu legen: „Auch der Ehebrecherin verzieh Christus ausdrücklich", füge ich hinzu, „aber mit der strikten Anweisungen, die Beziehung abzubrechen, um aus der Ungeordnetheit wieder herauszufinden."

„Aber bin ich denn nicht auch für Theo verantwortlich? Der ist doch auch auf die Rutschbahn geraten", gibt Sybille zu bedenken. „Und müßte ich nicht die ganze Geschichte auch meinen neuen Freund erzählen? Wird er mich dann aber noch lieben können?“

„Mach einen Schritt nach dem andern“, rate ich Sybille. „Wenn Du Dich erst einmal wieder in Ordnung gebracht hast, ist es zunächst wichtig, daß Du – durch Deine harte Erfahrung belehrt – in der Beziehung zu Deinem neuen Freund einen anderen Stil entwickelst.“

Sybille schaut fragend zu mir herüber: „Anderer Stil?“ wiederholt sie.

„Du weißt nun doch, daß es so etwas wie ein voreiliges Überrumpeltwerden gibt“, erkläre ich ihr.

„Na klar“, nickt das Mädchen eilfertig, „so übertölpeln lasse ich mich nicht noch einmal.“

„Siehst Du“, sage ich; „denn auch in der Liebe ist es nötig, Vernunft und Gewissen nicht auszusperren. Auch das Mädchen hat Verantwortung dafür, daß die Seele des Mannes unbeschädigt bleibt, nicht nur umgekehrt. Sich einem jungen Mann sexuell anbieten, das bedeutet, ihm die Ehe versprechen, und wenn man das nicht will und kann, ist und bleibt das letztlich Betrug.“

Sybilles Miene umdüstert sich: „Hat Theo sich jetzt durch mich ewige Höllenpein eingehandelt?“

„Ich bin da nicht zuständig genug“, gebe ich Sybille zu bedenken; aber gewiß ist die Auseinandersetzung mit dem Geschehenen für das Seelenheil dieses Helfers in der kirchlichen Jugendarbeit sehr notwendig. Ganz gewiß ist er auf einem gefährlichen Weg; denn schließlich hat er das Vertrauen einer ihm anvertrauten Jugendlichen für sein eigenes Triebbedürfnis mißbraucht.“

„Oh, er hat aber gesagt, daß ich mich so in seinen Armen als endlich ganzheitlich geliebt erleben könne.“

„Aber Du hast doch selbst erfahren, daß das nicht

stimmte, daß er Dich und vermutlich auch sich selbst mit solchen Sprüchen belog und betrog. Die ganze Hingabe einer Frau an einen Mann bedeutet Ehe und ist auf familiäre Zukunft hin angelegt. Die Frau empfindet das auch so, ob sie nun Falsches gelernt hat oder nicht. Dein Theo will Dir die Ehe nicht versprechen, aber er hat der Versuchung nun einmal nicht standgehalten und versucht die Schuld nun mit modischen Rechtfertigungen zu übertönen."

„Ja, das habe ich durch das Erlebnis begriffen, inwiefern die Sexualität im Grunde etwas ganz Kostbares ist. Ja, natürlich kann man damit nicht einfach so umgehen, wie mit etwas x-beliebigem! Natürlich werde ich an meine neue Beziehung mit mehr Verantwortungsgefühl herangehen! Und wenn mir das dann gelingen sollte", lächelt sie, „kann ich dann bitte doch noch einmal zu Theo gehen und ihm sagen, was ich nun weiß? Denn das geht doch eigentlich auch nicht, daß der so weiter macht", argumentiert sie altklug.

„Aber nicht von einem hohen moralischen Thron herunter", bitte ich, „hab' auch Erbarmen mit ihm; es ist für einen Mann gewiß schwer, einer so jungen Schönheit zu widerstehen. Auch das mußt Du Dir klarmachen, damit Du in Zukunft mit diesem Geschenk unseres Gottes sorgsam, dankbar und verantwortungsbewußt umgehst."

Erleichtert läuft Sybille davon.

Schenke ihr einen Schleier, Maria, bitte, gewebt aus geläuteter Erfahrung und Verantwortungsbereitschaft.

Eines Vaters Leidensgeduld

„Mein Herzinfarkt“, sagt der graugesichtige Vater mir gegenüber, „war nur der letzte Knacks, nachdem ich seit acht Jahren scheibchenweise umgebracht worden bin. Für die Ärzte bin ich deshalb mit Recht atypisch. Ich rauche nicht, ich trinke nicht, ich habe kein Übergewicht, ich habe keinen zu hohen Cholesterinspiegel. Ich habe einen verhältnismäßig ruhigen Beruf als Amtmann, ich mache regelmäßig Urlaub und habe eine gute Frau. Es ist alleine meine Tochter Regine, die wirklich ohne Erbarmen an meinem Grab schaufelt. Sie leidet seit acht Jahren an einer Zwangsneurose, die uns allen, und speziell mir das Leben vergällt. Das Mädchen ist etwas zurückgeblieben, kam als unser Nachkömmling mit nur drei Pfund Gewicht zwei Monate zu früh auf die Welt und mußte für vier Monate in den Klinikbrutkasten. Danach entwickelte sie sich nur sehr zögerlich – sie blieb immer zart –. Wir schulten sie zwei Jahre später ein, und schließlich schaffte sie sogar – freilich mit viel Mühe und Quälerei – den qualifizierten Realschulabschluß. Danach ging sie in eine kaufmännische Lehre; aber der Arbeitsalltag erwies sich für sie als zu anstrengend. Sie begann zu kränkeln, bekam eine Nierenentzündung und wurde krankgeschrieben.

Regine hat sich schon immer intensiv um die Haushaltsführung mitbemüht, und so beschloß meine Frau, wieder in ihrem Beruf zu arbeiten, während Regine unseren Dreipersonenhaushalt übernahm. Seitdem sind wir die Sklaven ihres unbeschreiblichen Geizes. Das Essen schmeckt mir schon lange nicht mehr. Immer wird mit wortreichen Begründungen erzählt, warum es heute diesen Schlangenfraß gibt. Entweder ist er besonders gesund, oder er ist besonders billig. Aber nicht nur hier ist Tyrannei: Bringe ich etwas mit nach Hause, was als Anschaffung nötig war oder mir Spaß macht, dann baut sich Regine mit schreckgeweiteten Augen vor mir auf und beweist mir in einem langen anklagenden Wortschwall, daß das der letzte Blödsinn sei, was ich da gekauft habe, viel zu teuer, unpraktisch, unnötig und überhaupt: Der wirtschaftliche Ruin der Familie. Und wenn man so was schon kaufen wollte, hätte man es bei C & A oder im Kaufhof viel billiger haben können ...

Nun müssen Sie natürlich nicht denken, daß ich mir das durch all die Jahre hindurch so wortlos habe gefallen lassen. Ich habe natürlich mit der Faust auf den Tisch geschlagen, ich habe ihr laut untersagt, sich in meine Angelegenheiten einzumischen. Aber die Folgen waren grundsätzlich so verheerend, daß ich schließlich wieder zu Kreuze gekrochen bin. Regine lief zum Beispiel ohne Mantel in einen eiskalten Winterabend hinaus und holte sich eine lebensgefährliche Lungenentzündung. Sie verbarrikadierte sich in ihrem Zimmer und schnitt sich die Pulsadern auf. Sie weinte laut über Stunden, ohne daß es meiner Frau gelang, sie zu trösten. Nun bin ich gewiß kein Märtyrer. Meine drei älteren Kinder sind ohne Schwierigkeiten selbständig geworden und haben sich problemlos von zu Hause gelöst. Eines Tages wurde mir das alles zuviel, und ich warf Regine in einem verzweifelten Wutanfall aus dem Haus. Sie lief einer Patentante zu, die ihr (heimlich in meinem Auftrag) eine Anstellung und eine kleine Wohnung besorgte. Aber nach zwei Monaten signalisierte sie uns, wir müßten kommen und uns das ansehen. Regine lag in einem völlig verwahrlosten Raum, apathisch, verdreckt und halb verhungert im Bett. Zur Arbeit war sie seit Wochen nicht mehr gegangen ...

Schauen Sie, ich bin Christ. Natürlich hätte ich mich jetzt verweigern können. Aber daß die Sache in einer stationären Einrichtung auch nur noch fürchterlicher wird, diese Erfahrung hatten wir schließlich bereits gemacht. Was blieb uns übrig? Sollten wir sie wirklich umkommen lassen? Regine war so schwach, daß sie nicht mehr laufen konnte. Ich trug sie auf meinen Armen ins Auto. Sie weinte an meinem Hals, und ich weinte mit. Ich bat sie, mir zu verzeihen, und sie versprach, mich nicht mehr so zu reizen.

Und dann ging doch alles wieder in der gleichen Weise von vorne los. Es ist die Hölle."

„Haben Sie eine Erklärung für Regines Geiz?" frage ich den verzweifelten Vater.

„Nun, es hat in der Familie eine Menge sehr sparsamer Leute gegeben", meint er, „vermutlich hat sich das in Regines Erbgut potenziert."

„Das mag der Fall sein", stimme ich zu, „aber wir sehen diese angstvolle Tendenz, zu bewahren und zu horten, nicht selten bei Menschen, die de facto zu wenig waren und also auch zu wenig hatten, als sie zur Welt kamen. Das Habenichts-Gefühl ist in ihr Gehirn geradezu eingebrannt und mit Todesangst verknüpft. Und weil die Angst vor dem Verlust des Lebens sich immer als bedingter Reflex mit aktiviert, wenn etwas unwiederbringlich ausgegeben worden ist, weil die Angst einfach größer ist als der elterliche Unwille, ja, weil der Unwille der Eltern sich schließlich sogar mit der Angst vor dem Existenzverlust verbindet, deshalb ist sie so unendlich hartnäkkig! Und auch die lebensgefährliche Krankheit vom Vater bessert die Lage nicht; denn Ihre Regine weiß ja, daß ihre Existenz weitgehend von Ihrer Arbeitskraft getragen wird."

„Dann wäre es also doch besser, wenn wir erneut den Versuch machen würden, daß Regine selbst ihr Brot verdient?"

„Ja, gewiß", bestätige ich, „sie hat dann eher die Möglichkeit, allmählich ihre so tief eingeprägte Todesangst loszuwerden. Je abhängiger sie ist, desto mehr nähert sie sich ja dem Zustand, in dem die Angst entstand, nämlich in dem eines totalen Ausgeliefertseins! Aber da Regine gleichzeitig noch zu schwach ist, um die Erfahrung machen zu können, daß sie ihrer Kraft vertrauen kann, werden die alten Ängste immer neu aktiviert. Sie sollte sich also von ihrem eigenen Verdienst ein Polster ersparen dürfen; dann erst wird es ihr möglich sein, ihre krankhafte, auf Angst beruhende Herrschsucht aufzugeben. Das ist sicher noch ein langer Weg und wird Ihnen noch weiter Geduld abfordern; aber wenn man die Zusammenhänge erst einmal erkannt hat und sich daran macht, die Ängste gezielt zu beschwichtigen, dann ist das auch nicht mehr so entsetzlich nervend, wie es bis heute für Sie war. Die ausweglose Dämonie, der man hilflos ausgeliefert ist, sie erst macht schließlich krank." Und auf einmal fällt mir ein, hinzuzufügen: „Die Leidensgeduld der Mutter Gottes beruhte schließlich auch allein darauf, daß sie den Sinn des Geschehens durchschaute."

„Na ja", widerspricht mein Gesprächspartner, „aber

so einen erhabenen Sinn hat unsere Quälerei schließlich nicht!"

„Doch", entgegne ich, „Liebe durchzuhalten wider alle Vergeblichkeit – ich glaube nicht, daß es irgend etwas Gottgefälligeres gibt."

Vollmacht zur Wunderheilung?

„Ich lebe in einem Ausnahmezustand", erklärt mir mit brennenden Augen in einem ausgemergelten Gesicht der junge Mann, der mich heute besucht. „Ich stand vor der Überprüfung meiner Qualifikation als Heilpraktiker durch das Gesundheitsamt, aber ich habe alle Termine sausen lassen. Ich habe bisher systematisch darauf zugeplant, selbständig in diesem Heilberuf zu arbeiten. Das ist alles von mir abgefallen wie ein unbrauchbar gewordenes zerlumptes Kleid. Ich bin jetzt unmittelbar im Verbund mit Jesus, ich brauche eigene Wirklichkeiten nicht mehr. Eine immer noch schöne, aber nicht mehr ganz junge Witwe aus unserer Gemeinde hat mich bei sich aufgenommen. Sie ist ein wunderbarer Mensch, edel und tief fromm. Ja, gewiß, wir schlafen auch miteinander; aber das ist ganz nebensächlich. Wir sind eine selige Einheit in Jesus."

Bericht großer Gefühle; trotzdem wird mir immer unbehaglicher, je wortreicher der junge Mann seine Seligkeit beschreibt. Schließlich rückt er mit der Frage heraus, die ihn um Beratung bitten ließ: Er vertraut mir an, daß es ihm nach einem intensiven Nachtgebet gemeinsam mit seiner Freundin offenbar gelungen sei, eine Wunderheilung zu vollbringen. Der Wohnungsnachbar war zusammengebrochen und mit dem Notdienst ins Krankenhaus gebracht worden. Dort habe man nach einer Untersuchung festgestellt, daß er eine zerstörte Leber habe, und daß in jeder Minute mit seinem Tod gerechnet werden müsse. Der Mann – ebenfalls ein Christ aus dem Hauskreis – habe durch seine Frau seinen Nachbarn bitten lassen, für ihn zu beten. Sie wären dem gemeinsam sofort nachgekommen – und er, der Beter, sei dabei in eine Art Trance gefallen, jedenfalls habe er Jesu Gegenwart praktisch hautnah gefühlt. Nach einigen Tagen hätten die Ärzte begonnen, sich über die Besserung ihres Patienten zu wundern, und bei einer erneuten Untersuchung habe es sich dann ergeben, daß die Leber vollständig gesundet sei. Mittlerweile sei der Patient wieder zu Hause und voll arbeitsfähig. „Seitdem fühle ich Jesu Heilkraft in mir“, schließt der junge Mann seinen Bericht. Irdische Planungen seien angesichts solcher Lage nichtig. „Sie greifen gar nicht mehr. – Sie glauben mir das doch, nicht wahr?“ kommt dann bohrend eine Nachfrage.

Ich seufze ...

„Es gibt für einen Christen, der ein langes Leben hinter sich hat, keinen Anlaß, nicht an das Wunder und die Möglichkeit der Gebetserhörung zu glauben“, antwortete ich ein wenig mühsam. „Nur, alle biblischen Berichte – besonders Christi Passion selbst – sagen darüber hinaus aus, daß ein solches Erleben niemanden in einen Zustand des jederzeit wundermächtigen Zauberers versetzt. Solange wir als Kreaturen hier über diese Erde gehen, setzt uns Gott dennoch immer wieder den kargen, an die Naturgesetze gebundenen irdischen Bedingungen aus. Offenbar sollen wir mit dieser unserer irdischen Wirklichkeit rechnen; das Freisein von ihr ist wohl erst als ein Zustand jenseits des Todes gedacht. Das geduldige Sich-Beugen unter das Geschöpfsein ist etwas, das anscheinend unausweichlich gelernt sein will. Weil dies die Erfahrung und die heiligen Vorbilder lehren, würde ich Ihnen dringend raten, die Wirklichkeit nicht zu weit aus den Augen zu verlieren, sondern sie als ein Gottesgebot demütig anzunehmen. Schauen Sie: Goethe hat mit seinem großen Schlußwort zum Faustdrama doch so sehr recht: Alles Vergängliche ist in der Tat ein lehrreiches Gleichnis. Warum werden wir auf dieser rotierenden Kugel wohl mit unseren Füßen per Schwerkraft geradezu festgesogen? Weil wir nicht zu Lebzeiten geflügelte Engel, sondern erdnahe Wesen sein sollen!"

Der Ratsuchende schweigt lange.

„Wenn ich Sie recht verstehe, würden Sie dafür sein, meine Ausbildung abzuschließen, nicht wahr?" fragt er dann zögernd.

Ich nicke. „Im Durchstehen ist auch Gottesdienst", bekräftige ich. „Die Tapferkeit, mißliche Prüfungsphasen auszuhalten, vor Widrigkeiten nicht auszuweichen, gehört in die Fügsamkeit, die Gott von uns erhofft. Sie brauchen nicht zu fürchten, daß Ihnen dadurch etwa eine heilmächtige Gnade einfach wieder abhanden kommt. Da es beim Heilen immer auch um Irdisch-Leibliches geht, müssen wir selbst auch dies bejahend wollen. Sonst geht's uns wie dem legendären Ikarus: Wir basteln uns eigenmächtig Flügel, mit denen wir dann aber doch abstürzen, weil wir unsere Kraft überschätzt haben."

Alte Schwachstellen

„Hört die Sehnsucht denn eigentlich niemals auf? Bitte, diese Frage müssen Sie mir beantworten!“ stößt der junge Ehemann nach seiner langen Beichte hervor, „denn mir stellt sich doch die schreckliche Frage: Habe ich vielleicht einen Weg eingeschlagen, auf dem ich nie Ruhe finden werde? Gewiß, ich liebe meine Frau, ich begehre sie auch, unsere Zwillinge sind mein Stolz und mein Glück, und durch vieles Beten, durch die Mithilfe unseres Hauskreises und die aktive Mitarbeit in der Gemeinde habe ich auch so etwas wie einen Schutz gegen meine Anfechtungen. Gewiß, ich fühle mich bei Jesus geborgen; aber warum dann immer noch die Träume mit homosexuellen Inhalten, warum immer noch das Ausphantasieren von sexuellen Beziehungen zu Männern. Ist meine Veranlagung vielleicht stärker als all mein Wille?“

„Gestern fragte mich das ein Alkoholiker“, erwiderte ich, „vorgestern ein Raucher und vor einigen Tagen eine Kleptomanin. Das Bedürfnis nach der Zigarette ist z. B. für Raucher, die sich vom Nikotin entwöhnen wollen, ebenfalls enorm drängend. Es fordert dem Willen eine Widerstandskraft ab, die viele Menschen, denen ihr Verstand sagt, daß sie es lassen sollten, nicht zur Verfügung haben, und sie dadurch wider bessere Einsicht rückfällig werden läßt. Auch hier drängt sich die Sehnsucht in die

Gedanken ein – keineswegs weniger gebieterisch als bei dem Wunsch z. B. nach einem Homosexuellen."

„Warum erzählen Sie mir das", fragt mein Besucher leicht unwirsch. „Das sind doch zwei sehr verschiedene Schuhe!"

„Das scheint mir nicht so sicher", entgegne ich, „die Empfindung ist mehr als ähnlich."

„Aber beim Rauchen handelt es sich um die Gewöhnung an ein anregendes Gift, bei der Homosexualität um eine Veranlagung, der man eben nicht entrinnen kann", doziert mein Gegenüber.

„Woher wissen Sie das?" frage ich zurück. „Ihre Darstellung der eigenen Kindheit und die Ergebnisse der projektiven Tests lassen nicht auf eine angeborene Anomalie schließen."

„Aber es muß doch eine Veranlagung sein, wenn meine Wünsche so hartnäckig sind! In dem Homoclub, in dem ich vor Jahren verkehrte, galt diese unabweisbare Vorliebe für gleichgeschlechtliche Partner auch als ein Kriterium für das Angeborensein der Homosexualität."

„Aber beim Rauchen, beim Stehlzwang, bei der Freßsucht, beim Alkohol, ja sogar beim Nägelbeißen und Haarausreißen ist dieser Drang genauso unabweislich stark. Glauben Sie wirklich, daß nur die Stärke des süchtigen Bedürfnisses ein Beweis für eine angeborene Besonderheit ist? Das zu vermuten, ist zwar verständlich, wenn man mit der Stärke des Bedürfnisses und der Schwierigkeit, es mit dem Willen zu beherrschen, konfrontiert wird; und doch sind Schlüsse dieser Art wissenschaftlich unzulässig. Es gibt Angeborenes, das sich beeinflussen und verändern läßt, es gibt aber auch Erworbenes, Gelerntes, das außerordentlich stark haftet und sich nur sehr schwer wieder rückgängig machen läßt. Als psychotherapeutischer Praktiker läßt sich die Erfahrung machen, daß das besonders bei den elementaren Antrieben des Menschen – beim Nahrungstrieb, beim Besitztrieb und beim Geschlechtstrieb – der Fall ist. Besonders in den Anfangsstadien der Betätigung dieser mächtigen Triebfedern können durch einen falschen und unangemessenen Umgang mit ihnen Weichen gestellt werden, die auf schmalspurige Schienen lenken, aus denen es dann kaum noch möglich ist, einfach wieder auszubrechen. Die Bahnung nötigt in eine bestimmte Richtung, ist an die Befriedigung einer bestimmten Form oder durch ein bestimmtes Objekt gebunden, und das ist nicht einfach mit ein bißchen Einsicht und ‚goodwill' wieder umstellbar. Denken Sie nur an den Saugantrieb! Er ist als der erste lebenswichtige Antrieb bei jedem gesunden Neugeborenen perfekt vorhanden, wenn auch unterschiedlich stark.

Er kann nun zum Beispiel durch zu wenig Betätigung wie bei unseren modernen Flaschenkindern unbefriedigt bleiben, so daß das Bedürfnis danach in einem verstärkten Maß erhalten bleibt. Wenn ein Mensch mit einem unbefriedigten Saugantrieb ans Rauchen gerät, entwickelt er rascher als ein befriedigtes Kind ein starkes Bedürfnis nach mehr, und das Abgewöhnen ist kein bißchen weniger leicht als der Wunsch nach homosexueller Betätigung, wenn dieser erst einmal besonders tief empfunden worden ist."

„Sie meinen, daß ich all meine Not nicht hätte, wenn ich damals als 17jähriger nicht von meinem Freund mit ins Bett genommen worden wäre?"

„Ja, vermutlich nicht. Das war immerhin Ihr erstes Erlebnis mit einem Sexualpartner; und Ersterlebnisse sind besonders tief prägend. Gewiß ist nach allem, was Sie mir berichtet haben – drei ältere Schwestern als Miterzieher einer ziemlich energischen Mutter – bei Ihnen aus der Kindheit eine beträchtliche Angst vor weiblicher Übermacht immer noch in Ihnen und als Jugendlicher sogar so stark gewesen, daß Sie eher zögernd an das andere Geschlecht herangingen; aber diese Angst vor dem Ausgeliefertsein an eine weibliche Übermacht wäre vermutlich allmählich zurückgetreten (wie Ihre Eheschließung und Familiengründung ja auch zeigen), wenn das homosexuelle Erlebnis nicht jene Weiche gestellt hätte, von der ich eben sprach, wenn nicht sogar durch die Ehe die alte Angst manchmal wieder belebt worden wäre."

„Ja, aber wie ist das denn: Kann ich denn nun Hoffnung haben, je davon frei zu werden?"

„Gewiß", erwidere ich, „genauso wie es schon ungezählte Raucher schließlich doch geschafft haben, vom Rauchen loszukommen – oder Alkoholiker vom Alkohol. Wichtig ist, daß Sie sich selbst verstehen, daß Sie es sich nicht übelnehmen, wenn die Sehnsucht Sie überkommt. Wichtig wäre es vermutlich auch, daß ich einmal mit Ihrer Frau spräche, damit sie verstehen lernt, wie wichtig es ist, daß Sie sich auch in der Ehe als ein selbständiger, als ein freier, als ein ungegängelter, als ein nicht Unterdrückter erleben. Wenn Ihnen beiden das alles im Bewußtsein ist und Sie sich gemeinsam darum bemühen, Ihnen Angemessenheit zuzubilligen, dann dürfen Sie auch hoffen, daß die Sehnsucht im Laufe der Jahre immer schwächer wird. Freilich, auch das müssen Sie wissen: Der getätigte Rückfall bedeutet, daß man wie Sisyphus nun wieder ganz von vorne beginnen muß. Von allergrößter Wichtigkeit ist es auch, daß man sich nicht vornimmt, den gesamten Geschlechtstrieb besiegen zu wollen. Das ist unsinniger und gefährlicher Hochmut. Sie haben eine Möglichkeit, in Ihrer ehelichen Gemeinschaft Liebe zu leben. Legen Sie allen Wert darauf, Ihre Frau glücklich zu machen, in einem umfänglichen, nicht allein im sexuellen Sinn. Stellen Sie Ihre Gedanken auf die dankbare Liebe zu ihr ein, das hilft, dem Kreisen um die eigene Triebbefriedigung entgegenzuwirken. Über die Liebe, über das Gebet um Kraft gibt es die Möglichkeit, zu erstarken, weil bereits das Ruhen in der Ordnung ein befriedigender Faktor ist und die Möglichkeit vertieft, Seelenfrieden zu finden."

Der junge Mann ist bewegt. „Warum weiß man das bei uns nicht?" entfährt es ihm. „Ich habe so viel Aufklärungsunterricht bekommen, aber Erkenntnisse dieser Art waren nicht dabei! Wenn es für junge Menschen so viele gefährliche Fallen gibt, dann müßte man sie doch davor warnen."

„Ja", entgegne ich, „tun Sie's in rechtzeitiger Verantwortung später bei Ihren Zwillingsbuben! Ich bin mit Ihnen der Meinung, daß es geradezu teuflischer Leichtsinn ist, die Jugendlichen nicht darüber zu unterrichten, wie furchtbar die Abhängigkeit von einer Ersatzbefriedigung einer der großen Lebenstriebe ist. Sie fesselt den Menschen, statt ihm eine Entwicklungsmöglichkeit zur geistig-seelischen Freiheit offenzulassen."

„Kinder und Jugendliche sind verführbar, wollen Sie damit doch sagen, nicht wahr? Aber uns wurde das genaue Gegenteil vermittelt: Die Weltgesundheitsorganisation habe den Verführungsbegriff abgeschafft, so hieß es, weil es keine Verführung zur Homosexualität gäbe; sie sei immer schon vorhanden und würde allein durch einen Akteur aus der Latenz zur Verwirklichung gebracht. Aber wenn Sie Recht haben – und das werde ich ausprobieren – dann ist eine solche Aussage schließlich bereits eine geradezu dämonische Verführung."

Ich nicke; ein nachdenklicher Leidender hat den Weg heraus aus einem diabolischen Denkschema angetreten.

Wir bitten gemeinsam Jesus Christus um Kraft für den langen Weg aus einer falsch gepolten Wunschwelt heraus.

Bin ich besessen?

„Aber so etwas Scheußliches, Häßliches, Überhebliches – das kann mir doch nur der Teufel eingegeben haben“, entsetzt sich die 60jährige. Sie ist leichenblaß. Kalter Schweiß rinnt ihr über das Gesicht. Mit schwarzgeweiteten Pupillen starrt sie mich an.

„Wichtig ist es zunächst einmal, daß wir den Eiterherd zu fassen haben“, weiche ich aus. „Wenn Sie ihn ausräumen, wird es weiter gehen.“

„Aber was für eine böse, böse Einbildung“, schüttelt die Ergraute über sich den Kopf. „Wie komme ich dazu, mir so etwas Unehrerbietiges auszudenken! Ich selbst sei die Jungfrau Maria und unser lieber junger Vikar mein Jesuskind!“

„Haben Sie sich nicht immer vergeblich ein Kind gewünscht?“ frage ich erklärend.

„Ja, und wie – und wie – ! Immer wieder habe ich geträumt, ich hätte eins“, kommentiert die Frau.

„Und ist Ihnen nicht bald im Gemeindeleben deutlich geworden, wie sehr Ihr ätherischer, lieber, frommer Vikar doch auch noch mütterlicher Bergung bedürftig wäre, zumal er keine Haushälterin hat?“

„Ja, ja, ich habe ihm deshalb immer Suppe vor die Türe gestellt, ohne daß er merkte, von wem sie kam“, kommt es verschämt. „Er ißt viel zu wenig, er ist schon fast wie ein Heiliger mit seinem Fasten und Beten.“

„Nun ja, und da ist bei Ihnen dann einiges durcheinandergeraten: Ihre so verständliche, ungesättigte Mütterlichkeit, und Ihr Wunsch nach mehr Frömmigkeit in der Gemeinschaft mit dem Gottesmann. Das war schließlich in der Tat schwer miteinander zu vereinen, und daraus erwuchs dann Ihre Sie so beängstigende Phantasie."

„Oh, oh", stöhnt die Frau abermals und wiegt sich verzweifelt hin und her. Aber es war nur einmal! Einmal nur habe ich das alles durchgedacht. Ich merkte sofort, daß es so böse war, daß ich es nicht würde beichten können. Und dann war es schließlich dadurch auch praktisch mit der Kommunion aus."

„Ja, und dann traten Ihre Ohnmachtsanfälle in der heiligen Messe auf. Das ist ein psychologisches Gesetz: Wenn ganz mächtige Wünsche unbearbeitet verdrängt werden, machen sie sich schließlich in schweren Angstanfällen bemerkbar und sorgen solange für Aufsehen, bis das Problem bereinigt wird."

„Aber wie?" flüstert die Ratsuchende.

„Indem Sie sich erst einmal verstehen. Dann, indem Sie den Wunsch als unabweisbar annehmen und die unverträglichen Anteile voneinander unterscheiden und abtrennen.

Vielleicht hat in Ihrer Nachbarschaft eine junge Frau Kinder, für deren Betreuung sie dringend eine Adoptivgroßmutter gebrauchen könnte. Jedenfalls sollten wir eine solche junge Familie, oder ein verwaistes Kind suchen. Das gibt es bestimmt. Als zweites sollten Sie sich dem Seniorenkreis anschließen, den der Vikar leitet und sich dort seiner geistlichen Führung anvertrauen, so wie es die Mutter Maria in der Gemeinschaft mit den Jüngern ihres erwachsenen Sohnes vorgelebt hat. Das hat nichts mit Anmaßung zu tun. Warum sollte die Mutter Jesu nicht für jeden von uns Vorbild sein dürfen?"

„Aber wenn die Vorstellung nun wieder auftaucht?"

„Dann halten Sie sie bitte eine kleine Weile aus; stellen Sie sich vor, daß auch Jesus, der in unser aller Herzen hineinzuschauen vermag, längst diese Ihre Gedanken kennt und sie besser versteht, als Sie sie bisher verstanden haben, daß er sie Ihnen vergibt, eben weil er Sie versteht, so wie Sie sich jetzt selbst verstehen und sich selbst verzeihen können. Dann werden die bösen Geister fliehen."

„Die waren aber alle doch vom Teufel, nicht wahr?" umdüstert sich noch einmal die Stirn der Gegenübersitzenden. „Im Grunde ist das doch wohl Besessenheit, oder?"

„Wollen wir es uns nicht schenken, das abzuklären?" rate ich. „Wer den Teufel immerzu an die Wand malt, der beschwört ihn schließlich geradezu herauf. Für Sie ist es von viel größerer Wichtigkeit, dieses Problem, das nun keins mehr sein wird, in die große, gütige, barmherzige Hand des Arztes Christus zu legen. Und auch die Jungfrau Maria wird Sie verstehen, denn gewiß liebt sie jeden einzelnen ihrer Pfarrei so mütterlich stark und barmherzig wie Sie Ihren jungen Vikar ans Herz nehmen möchten!

Schauen Sie, wie die Heilige Mutter zu Ihnen vom Kamin herüberlächelt", mache ich sie aufmerksam. „Schlüpfen Sie selbst unter ihren großen Mantel, der altböse Feind kann Ihnen dann nichts mehr anhaben!"

Glücklich legt die schmale Gestalt beim Abschied ihren Kopf an meine Schulter. Der böse Bann ist gebrochen.

Ehe auf Lebenszeit

„Nun lebe ich bereits zwei Jahre von meinem Mann getrennt, aber die Sehnsucht nach ihm will nicht weichen. Zu einem erheblichen Teil liegt es gewiß daran, daß ich alle Monate einen flehentlichen Brief von ihm bekomme, endlich doch heimzukehren und ihn nicht mit weiteren Scheidungswünschen zu bedrohen. Er könne nun einmal nicht ohne mich leben, schreibt er; und ich kann ebenso wenig ohne ihn leben.

Natürlich muß es Sie wundern, daß ich in einer solchen Situation dennoch ratlos bin und Sie um Mithilfe frage“, versucht in mein erstauntes Gesicht hinein die Ratsuchende ihre Bitte um ein Gespräch zu erklären; „aber mein Mann hat eben eine fürchterliche Schwierigkeit: Er ist gewissermaßen sexualsüchtig, er kann von den Frauen nicht lassen; denn er hat eine enorme sexuelle Bedürftigkeit, die eine einzige Frau mit dem besten Willen allein nicht absättigen kann. Als ich das nicht mehr ertragen konnte und fortging – seit dem Aufkommen von AIDS ganz und gar nicht mehr – hat er sich eine seiner zahllosen Geliebten ins Haus genommen. Er schwört mir zwar, daß sie sofort auszuziehen habe, wenn ich in der Tür stünde; aber er schreibt mir auch, daß es keinen Sinn hätte, mir zuzusichern, daß er dann allein mit mir intim sein würde. Sein Bedürfnis sei stärker als sein Wille. Er hätte es oft genug vergeblich versucht, sich Befreiung vom Sexzwang zu erkämpfen.

Wie finde ich aus dieser Sackgasse? Spielt mein Mann mir seine Unverbesserlichkeit vor? Muß ich ihm nicht diese Bedingung stellen, von den anderen Frauen zu lassen? Schauen Sie, ich bin eine praktizierende Katholikin, für mich ist die Ehe ein Sakrament, im Grunde unscheidbar. Und das ist, so hat sich in den zwei Jahren der Trennung gezeigt, auch für mich nicht einfach nur eine leere Formel. Mehr denn je spüre ich: Ich gehöre zu meinem Mann. Er ist wirklich auch enorm liebenswert – freundlich, warmherzig, offen, rücksichtsvoll; aber dann die Mauer: Der mit den Jahren gewachsene Ekel im Intimbereich. Muß ich den wirklich mit den vielen Zufallsbekanntschaften meines Mannes teilen? Bitte, helfen Sie mir!"

„Wenn Ihr Mann nun nicht ausgerechnet einer Sexualsucht, sondern einer Trunksucht verfallen wäre, würden Sie meinen, es wäre Ihre Pflicht, sich allabendlich gemeinsam mit ihm zu betrinken, um ihm so Ihre Liebe zu bekunden?"

„Oh nein, bestimmt nicht", lächelt die 50jährige. „Ich würde mir eher Mühe geben, ihn so zu verwöhnen, daß er darüber seine böse Sehnsucht vielleicht ein wenig vergäße."

„Aber wenn er dann doch stockbetrunken nach Hause käme – was täten Sie dann?"

„Na, ganz bestimmt würde ich ihn nicht mit Vorwürfen empfangen, sondern ihn erst einmal seinen Rausch ausschlafen lassen."

„Und dann mit den Vorwürfen kommen?"

„Nein, auch dann nicht. Das hätte ja ohnehin keinen Sinn. Schließlich ist Trunksucht eine Krankheit."

„Aber Sexualsucht ist auch eine – und zwar eine sehr ähnliche“, erkläre ich. „Wenn Sie Ihren Mann wirklich lieben – und nach allem, was Sie mir erzählen, besteht für mich kein Zweifel, daß Sie sich nicht täuschen – dann ist es gewiß ratsam, mit diesem Problem umzugehen wie mit jedem anderen schweren Leiden: Verstehend, beistehend, phantasiereich hilfsbereit. Ihr Mann kann bei seiner schweren Neurose freilich gewiß nicht erwarten, daß Sie das Bett mit ihm teilen. Er würde das auch nicht erwarten, wenn er eine schwere Infektionskrankheit hätte. Diese Ihre Lage macht getrennte Schlafzimmer unumgänglich, solange Ihr Mann versichert, daß er von seinen nächtlichen Streifzügen durch das Vergnügungsviertel nicht lassen kann. Die tiefe Liebe, die Sie zu Ihrem Mann haben, wird sich auch in vielen anderen Formen der Hingabe ausdrücken können, die es Ihnen möglich macht, aneinander Freude zu haben. Wenn es Ihnen möglich ist, wäre es für Ihren Mann sicher auch gut, wenn Sie ihm sagen könnten, daß diese Lösung keine endgültige zu sein brauche, wenn es ihm möglich wäre, auch in diesem Intimbereich ganz zu seiner Frau zurückzukehren. Versuchen Sie es einmal so; denn ich habe oft die Erfahrung gemacht, daß das Wegfallen des Verbotenen den Suchtdruck vermindert. Nimmt die Ehefrau keinen Anstoß mehr daran, so verlöscht der Zwang, sich über das Verbotene hinwegzusetzen, der nötig war, um sich selbst zu beweisen, daß es möglich ist, sich gegen die ‚große Mutter‘ durchzusetzen.“

„Meinen Sie, mein Mann überträgt die Probleme, die er mit seiner herrschsüchtigen Mutter hatte, auf mich?“

„Das tun alle Männer, mehr oder weniger“, gebe ich zurück, „und deshalb ist es auch von größtem Wert, daß die Gefährtinnen sich anders als die Mütter verhalten: Nämlich als die, die eben gerade nicht herrschen, sondern verstehend lieben wollen. Die eben nicht groß sein und den Mann klein machen wollen, sondern die ihm seine absolute Selbständigkeit, ja, die ihm ein Stück Führungsrolle zubilligen. Kluge Gefährtinnen dieser Art pflegen im allgemeinen die glücklichsten Ehefrauen zu werden. Und Männer mit solchen Gefährtinnen können dann häufig sogar noch jenseits der Lebensmitte von ihrer immer noch vorhandenen Mutterauflehnung genesen."

„Aber wenn mein Mann nun mit dieser Einschränkung nicht einverstanden ist?"

„Dann machen Sie ihm bitte klar, daß man sich als erwachsener Mann zu seinem eigenen Heil nicht die absolute Befriedigung seiner Triebwünsche erschreien kann wie ein Säugling. Daß nicht Sie bocken, sondern er Sie durch seinen Suchtdruck in eine Notlösung hineinnötigt, und daß es ein Recht auf einen Rest von Menschenwürde gibt – ganz gewiß für eine Ehefrau, die sich mit der Promiskuität ihres Mannes abfinden will."

„Beten Sie für meinen Mann, daß die Rettung gelingt?" fragt die 50jährige beim Abschied.

„Und für Ihre Kraft auch", nicke ich.

Maria, bitte den Heiland, daß er dieser Frau Kraft schenkt, ihr Leben an der Seite des Kranken auszuhalten!

Liebe wider alle Vergeblichkeit

„Wie habe ich mich um den Jungen geplagt all die vielen Jahre lang, und nun dies!“ entfährt es der verhärmten Frau nach ihrem Bericht. Von weither ist sie angereist, um sich bei mir auszuweinen. Sie hat einen dreijährigen Pflegesohn aufgenommen und ihrer eigenen sechsjährigen Tochter hinzugesellt. „Als Ingo zu uns kam“, konnte er noch kaum sprechen. Er war nicht sauber, er konnte nicht spielen sondern saß meistens, einen alten Ball fest an sich drückend, auf dem Boden. Er war von einer stummen Fügsamkeit, er lächelte jeden ergeben an. Er war wie eine auf Draht gezogene Puppe. Man konnte alles mit ihm machen.

Erst als er ein wenig mehr Zutrauen gewonnen hatte, schaffte er es, sich zaghaft zu äußern.

Obgleich die Lehrer ihn durch die ersten sechs Schuljahre hindurch einhellig als verträumt bezeichneten, schien zunächst die Entwicklung doch voranzugehen. Ingo schien die Nöte seiner ersten Jahre, in denen er von seiner Mutter, die ihn unehelich geboren hatte, verlassen und bei Verwandten untergebracht worden war, die ihn grob vernachlässigten, vergessen zu haben. Im Alter von neun Jahren hörte er auf, einzunässen. Er schien in unsere Familie integriert zu sein. Wir liebten ihn alle sehr. Da begann er in der neunten Klasse plötzlich zu stehlen, wahllos, zunächst bei uns zu Hause, dann in der

Schule bei den Kameraden, schließlich in den Kaufhäusern. Er wurde erwischt, gemaßregelt, bekam Freizeitarrest. Er hörte auf, für die Schule zu arbeiten. Fachliche Beratungen fruchteten nichts. Als er 16 Jahre alt war, mußte er zum ersten Mal für drei Monate in die Jugendstrafanstalt. Danach überwies man ihn gegen unseren Protest in ein Heim für gestörte Jugendliche. Hier ging es Schritt um Schritt weiter bergab. Der Junge lief immer wieder fort. Man berichtete uns, daß er mit Rauschgift in Berührung gekommen sei und daß er sich prostituiert habe. Wir waren entsetzt; wir holten ihn gegen viel Behördenwiderstand zu uns zurück. Wir versuchten eine Lehre. Er lief auch dort fort und ist nun wiederum straffällig geworden. Ach, ich bin so verzweifelt", klagt die Berichterin, „ist denn nun alles umsonst gewesen? Ich habe soviel um den Jungen gebetet; ich habe ihm immer wieder gezeigt, daß ich zu ihm halte. Aber es ist so, als wäre all die Liebe an ihm abgelaufen, wie das Wasser an der Ölhaut. Wissen Sie einen Rat?"

Nein, ich weiß keinen. Ingo scheint mir geradezu ein Lehrbuchfall zu sein im Hinblick auf die Entstehung und den Verlauf der sogenannten neurotischen Verwahrlosung. Sie ist eine Sehnsuchtkrankheit, die die Frühgeschädigten lebenslänglich heimwehkrank und dadurch zu Streunenden, zu Getriebenen, zu gierig Suchenden macht. Sie lernen nicht an der Erfahrung. Die emotionalen Defizite sind wie in ihr Gehirn und in ihre Seele eingebrannt.

„Geben Sie dennoch nicht auf", rate ich der Pflegemutter. „Besuchen Sie ihn, schreiben Sie ihm, schicken Sie ihm Päckchen. Lassen Sie sich nicht von seiner bindungslosen Undankbarkeit entmutigen. Zu hoffen wider alle Vergeblichkeit und zu beten, das kann schließlich dennoch ein Wunder bewirken."

„Aber ich selbst habe doch schließlich auch versagt", schluchzt die Pflegemutter, „jedenfalls haben mir das die beratenden Psychologen immer wieder gesagt. Und dabei habe ich es so gut gemeint. Mich hat dieser Vierjährige mit seiner damals so erbarmungswürdig traurigen Augen dazu genötigt, ihn an mein Herz zu drücken. Denken Sie einmal: All die unnütz verschwendete Zeit an ein unrettbar verlorenes Kind!"

„Aber woher wollen Sie wissen, daß das Leben Ihres Ingo vor Gott keinen Sinn hat? Und woher wollen Sie wissen, daß all die viele Liebe, die Sie in dieses Faß ohne Boden geschüttet haben, nicht doch, wenn auch noch nicht erkennbar, eine tragfähige Basis in seiner Seele angelegt hat? Woher wollen Sie wissen, daß er sich nicht dennoch besinnt und auf diesen Boden rettet? Und ganz gewiß kann ich Ihnen sagen, daß Ihr Tun vor Gott eine von ihm höchst bewertete Arbeit war – eine Arbeit der Liebe im Geist von Jesus Christus. In alle Ewigkeit ist das nicht vertane Zeit. Das Wort Erfolg kommt in der Bibel nicht vor. Bitte schauen Sie auf unsere Schmerzensmutter: Auch ihr Lieben und Beten schien auf Golgatha in der Sinnlosigkeit eines grausamen Todes zu enden. Und endete doch nicht! Lassen Sie sich von unserer aller Mutter mit Kraft zum Weiterlieben beschenken. Mit Gottes Gnade wird dann letztlich doch noch alles gut!"

Ungesühnte Schuld

Schlaflosigkeit plagt den stämmigen, mir verhangen entgegenblickenden jungen Mann. Er weiß auch, warum: Er fürchtet, daß er, wenn er eingeschlafen ist, nie mehr erwacht, daß der Tod ihn holt.

Ob er organisch krank sei, muß ich deshalb zuerst wissen; aber das sei es ja eben: Herz, Lunge, Leber, Nieren – alles sei medizinisch untersucht – alles sei in bester Ordnung.

Ob er sich mit dem Tod auseinander gesetzt, ob er ihm schon einmal begegnet sei, frage ich tastend.

Doch sehr, kommt die Antwort. Aber er könne an ihn nicht denken, er fürchte sich zu sehr. Als er dreizehn Jahre alt war, sei sein sehr geliebter Großvater gestorben, der ihn praktisch großgezogen habe. Die Beerdigung mit dem Verschwinden des Sargs in der Grube sei für ihn ein schwerer Schock gewesen. Ganz schlimm sei diese Todesangst aber erst geworden, nachdem er zum Studium der reinen Physik die Universität bezogen habe.

Er sei Atheist, noch entschiedener und begründeter, seit er Student sei, sagt er unvermittelt. Aber die Vorstellung, daß der Hirntod so etwas Ähnliches sei wie das abschaltende Herausziehen eines Steckers aus dem Anschluß an einen Stromkreis, kann ihn dennoch nicht beruhigen. „Es ist eine mich beklemmende Vorstellung, daß die Tür zu meiner Studentenbude zu schmal ist, um mich im Sarg hinauszutragen."

„Könnte es nicht sein, daß es die Tür ihrer atheistischen Vorstellung ist, die für ihre Seele zu schmal ist?" frage ich. Der Student schaut mich fast ein wenig verärgert an und antwortet abweisend: „Ach, kommen Sie mir nicht mit Religion. Sie sagt mir nichts. Ja, formell bin ich noch katholisch. Meine Großeltern gingen sogar noch zur Messe – aber mit diesem unnachdenklichen Stumpfsinn einer seelenhygienischen Maßnahme, so, wie man sich einmal in der Woche die Füße wäscht. Mein Vater hat seine Familie, vor allem uns Kinder davon befreit. Für ihn war das als Jugendlicher ein unerträglicher und langweiliger Zwang gewesen. Den wollte er seinen eigenen Kindern nicht zumuten. Mir sagt dieser sogenannte Glaube eben auch nichts. Das ist doch mystizistischer Unsinn – mit moderner Naturwissenschaft nicht zu vereinen."

„Haben sie sich schon einmal überlegt, daß Ihre materialistische Auffassung vom Elektrostecker Mensch zu der angstgejagten Beunruhigung, was man mit ihrer Leiche nach ihrem Tode macht, wenig paßt? Dem abgeschalteten Gehirn kann das doch nun wirklich gleichgültig sein. Es ist schließlich tot, es ist ohne jedes Bewußtsein und damit auch ohne Angstmöglichkeit. Die Erfahrung lehrt", so gebe ich zu bedenken, „daß die Sorge um das, was mit einem nach dem Tod geschieht, ein Zeichen dafür ist, daß es mit dem echten Atheismus nicht weit her ist; denn diese Angst sorgt sich darum, daß möglicherweise nach dem Tod etwas Schlimmes geschehen könne."

„Ja, ja", bestätigt der Patient, „so etwas wie ein Strafgericht."

„Eben", gebe ich zu bedenken, „so unkatholisch sind Sie doch nicht, wie Sie meinen; und wenn hier eine verdeckte Strafangst mitspielt, so müssen wir gemeinsam forschen, was Ihre Seele an Worten, Werken und Taten wohl irgendwann einmal als strafwürdig erlebt hat."

Langes Schweigen; und dann kommt stockend, während das frische Gesicht sich schamrot verdunkelt, eine alte, eigentlich schon ganz vergessene Kindergeschichte zum Vorschein.

„Ziemlich fatal, nicht?" bilanziert der Jugendliche. „War schon mies, wie ich da mit meinem Kumpel umgegangen bin, war nur Glück, daß er das überlebt hat. Aber was hilft es, daß es nun heraus ist", meint er abwertend, „Schuld bleibt Schuld. Vom Aussprechen wird mir auch nicht besser."

„Aber warum nehmen Sie dann die Möglichkeit unserer Kirche nicht in Anspruch, sich Ihre Schuld von Christus vergeben zu lassen?" rate ich, „dafür ist er doch gestorben, und auch dafür, daß das Gericht Gottes, das Sie nun Nacht für Nacht fürchten, jenseits des Todes nicht über Sie kommt, wenn Sie sich nur in das Licht des Glaubens und des vergebenden Mahls stellen."

„Oh je", sagt er, „Sie empfehlen mir die Eucharistie? Die hätte auch damals, als ich ein Junge war, längst helfen können."

„Wie sollte sie das?" frage ich, „wenn Sie sie nur dumpf über sich ergehen ließen, ohne Sehnsucht nach Erlösung, eben ähnlich wie das lästige Bad am Samstagabend? Nein, glaubend, bittend, müssen Sie sich dem Herrn nähern, nur dem Geöffneten, nur dem glaubenden Herzen kann er sich schließlich schenken!"

Der Patient seufzt: „Das glauben Sie wirklich, eine studierte Frau?" „Ja", erwidere ich, „Psychoanalyse und

Kirche arbeiten hier strukturell ganz gleichartig: Erst Gewissenserforschung, Erkennen und Bekennen und dann der Gang zum immer gegenwärtigen, immer lösungsbereiten Herrn. Der Psychoanalytiker ist dafür nur ein Ersatz, oft ohne daß er das weiß. Deshalb ist seine Chance, wirklich zu heilen aber auch geringer, als die unseres wahren Arztes: Jesus Christus."

Stirnerunzeln. „Probieren geht über studieren", wage ich lächelnd den Knoten des Zweifels anzunagen. „So wie Ihre Physiker-Vorväter ohne tausendfache Erprobung das Fallgesetz nicht gefunden hätten, so taugt hier das bewußte Er-Leben mehr als alles verkopfte Bedenken zusammen. Schuld läßt sich bereinigen, und damit auch Ihre Todesangst, die eigentlich berechtigte Furcht vor der Strafe Gottes ist. Unser großer Gott hat sich durch ein wenig Kirchenferne aus Ihrem Leben eben doch nicht einfach aussperren lassen. Wer ihn nicht zuläßt, bei dem ist er dennoch gegenwärtig. Er selbst ist in Ihrer Angst verborgen. Er selbst bangt darum, daß ihm eins seiner kostbaren, geliebten Kinder verloren gehen könnte."

„Ich werde es ausprobieren", sagt der Junge ebenso grimmig wie ernst und läuft in die Nacht hinaus.

„Heilige Mutter, bitte für diesen angefochtenen jungen Mann! Hilf, daß seine Sextaner-Logik ihn während seiner Heimfahrt nicht neu übermannt. Hilf, daß er den Versuch ehrlichen Herzens und in ehrlicher, knieender, erschütterter Reue durchführt. Heilige Mutter, laß in der Gemeinde, in der Messe, die der Junge nach Jahren des Fernbleibens nun aufsuchen wird, den Heiligen Geist anwesend sein. Fülle du, Mutter, sein Herz mit aufnahmebereiter Fügsamkeit. Bereite du mit deinen weichen entängstigenden Händen sein Herz vor, die heilende Spende deines Sohnes zu empfangen. Laß ihn erfahren, daß er schlafen kann, daß die Angst von ihm weicht, weil er nun wieder sicher ist, daß die Tür jenseits seines Todes auch für ihn groß und weit genug ist.“

Unglück als Rettung

Schau, Maria, die Mutter von vorhin fährt jetzt über die Autobahn an der Seite ihres Mannes durch die Nacht, ein Paar aus einer fernen Großstadt angereist. Er ist mit Fahren und mit Auf- und Abblenden, mit Überholen und Ausweichen gut beschäftigt, aber sie hockt da zusammengekauert auf dem Beifahrersitz. Vermutlich kommen ihr immer einmal wieder in einem Schwall von Trauer die Tränen. Bitte, Heilige Mutter, trockne sie, pflege die Hoffnung in ihrem Herzen, die wir ihr einzupflanzen suchten. Sieh, das ist eine so liebe Mutter, sie hat fünf Kinder großgezogen. Vier ältere sind stabil und seelisch gesund, sie kommen zurecht, sind bereits selbständig, erfreuen das Mutterherz. Auch mit dem Jüngsten schien zunächst erst alles glatt zu gehen, obgleich er ängstlicher war als seine älteren Geschwister. Aber als er zum ersten Mal von zu Hause fortging, in eine Fachschulausbildung, kam er nach einigen Wochen zurück, hatte alles abgebrochen und verkroch sich daheim. Morgens stand er nicht mehr auf; nachts hockte er stumpf vor dem Fernsehapparat. Meistens antwortete er nicht, wenn man ihn ansprach und zu irgend etwas aufforderte. Willenlos ließ er sich schließlich von den ratlosen Eltern zu einem Facharzt schleppen. Er bekam Medikamente. Sie machten ihn noch teilnahmsloser. Er hörte auf, normal zu essen. Er magerte ab. Eines Tages überraschte ihn die Mutter, wie er gerade im Begriff war, an einem alten Haken einen Strick an der Decke seines Zimmers zu befestigen. Die Ärzte ordneten Zwangseinweisung in eine geschlossene Abteilung an. Er hockte dort und starrte die Eltern feindselig an, wenn sie ihn besuchten. Mit ihnen zu sprechen, weigerte er sich. Der behandelnde Arzt empfing die Eltern zu einem Zehnminutengespräch und erklärte, ihr Sohn sei geisteskrank. Man müsse abwarten.

Ich lasse mir von den Eltern über Henriks Verhalten berichten, während der Krankheit, vor der Krankheit, als Kleinkind, als Schulkind. Nie mochte der Junge von zu Hause fort. Schon in der Fremde bei Verwandten verschlug es ihm den Appetit. Ich frage nach der Schwangerschaft der Mutter und der Geburt des Jungen – alles normal, eine kurze Zeit im Inkubator freilich, wegen eines Ikterus – aber dann erst fällt den Eltern die Katastrophe ein: Als der Säugling vier Monate alt war, sei die Nachricht gekommen, daß die Großmutter im Sterben läge. Die Mutter habe sich ins Auto gesetzt, den Säugling auf den Rücksitz im Wäschekorb. Der Vater blieb mit den vier Älteren zurück. Aber sie sei bei der Großmutter nie angekommen: In all ihrer Aufgeregtheit habe sie einen Verkehrsunfall verursacht. Schwerverletzt mit inneren Blutungen sei sie ins Krankenhaus gekommen. Den Jungen lieferte man in eine Spezialklinik in einer anderen Stadt ein und behielt ihn dort über fünf Monate, denn so lange dauerte die Wiederherstellung der Mutter, obgleich er selbst gravierende Verletzungen offenbar nicht erlitten hatte. Aber die Säuglingsbetreuung konnte sich der beruflich stark angespannte Vater zu seiner Hausmanntätigkeit mit den vier Älteren nicht auch noch zumuten.

Voll hilfloser Trauer sah der überstrapazierte Vater seinen Säuglingssohn durch die Scheiben der Klinikstation. Er lag apathisch da und entwickelte sich nur zögernd. „Er erkanne uns nicht, als wir ihn wieder übernahmen. Er verweigerte auch bei uns die Nahrung und schaffte es erst nach viel mütterlicher Mühewaltung, schließlich doch in einen guten Gesundheitszustand und auf die Beine zu kommen."

„Er muß wissen, daß sich beim Erleben von Fremde die alte Todesangst wieder belebt", sage ich, „er muß wissen, daß es möglich ist, allmählich die Angst abzubauen, wenn er sich nur selbst versteht, wenn Sie ihn nur verstehen. Statt daß ihn eine Welt für verrückt und damit als hoffnungslos abstempelt, braucht er die Einsicht in das Überflutetwerden durch seine Ängste. Gewiß ist er damit nicht geheilt, gewiß kann es lange dauern, bis die Angst verebbt. Gewiß kann es neue Überflutungen geben. Alle brauchen Geduld. Ein Wiedereinstieg mit nur halber Kraft in die Ausbildung wäre ratsam, am besten zunächst über eine manuelle Tätigkeit, die ihm Freude macht."

Wir beraten therapeutische Schritte. Sachverständige, therapeutische Hilfen im Umfeld werden empfohlen. Ein erlösender Tränenstrom quillt unaufhörlich über das Antlitz dieser Schmerzensmutter.

Wir hüllen sie ein, nicht wahr, Maria, diese leidvolle Seele, wir sprechen ihr unser Mitsein zu, ja, wir wagen davon zu sprechen, daß auch die Seele eines bekümmerten Vaters im Feuerofen des Leids Reifung und Läuterung zu erfahren vermag, daß sie Demut lerne und dadurch sogar an Schicksalsverbundenheit, an Vertiefung der ehelichen Gemeinschaft gewinnen könne.

Der verbitterte Vater nickt, sein Gesicht entspannt

sich, so, als löse sich ein Stück Verwitterung von ihm ab. Er versteht neu, er fängt an, das Schicksal annehmen zu wollen.

Heilige Mutter, beschütze das Paar auf seiner Reise durch die Nacht! Bringe es zum Herrn, damit er es mit Kraft beschenkt, damit es seinem Sohn so lange verstehend zur Seite stehen kann, solange der Nachttunnel für ihn währt!

Umkehr

Heute begegnet mir Birgit, schön wie Nastassia Kinski. Sie ist 21 Jahre jung und erzählt mir sachlich cool, daß sie in den vergangenen fünf Jahren mit insgesamt 32 Männern geschlafen habe. Ihre Eltern sind geschieden. Seit sie sechzehn ist, hat sie eine eigene Wohnung. Sie hat die Männer ausprobieren wollen, berichtet sie, nachdem der Erste es sich offenbar zum Sport gemacht hatte, sie „zu knacken". Jetzt habe sie aber einen Mann, der eine aussichtsreiche berufliche Stellung habe und von Haus aus betucht sei. Sie fände es nicht übel, ihn zu heiraten, wenn ihr die Sexualität auch nur andeutungsweise Freude machen würde. „Der ganze Vorgang ist mir nicht gerade zuwider", sagt sie, „aber doch so wenig erfreulich, daß ich mit tausenderlei Schlichen versuche, ihn zu umgehen oder ihn hinauszuschieben. Das ist doch keine Basis für eine Ehe!"

Dem ist zuzustimmen; dennoch verschlägt es mir zunächst den Atem. Das Mädchen sucht anscheinend gar kein Heil für seine kranke Seele, sondern nur ein Patentrezept für Sexualität, die nach den angelesenen Informationen vollkommen zu sein hat.

Ich muß mein Entsetzen verbergen, und mit hinein in diese Seelenlage, ich muß mich mit dieser Denkform identifizieren. Wie soll Birgit sonst Vertrauen entwikkeln, wie soll ich sonst durch diese Schicht eines oktroyierten Zeitgeistes hindurch, in dem sie zu Hause ist?

Aber während ich all den detaillierten Schilderungen lausche, kommt etwas auf mich zu, das die Ferne auflöst. Sucht Birgit vielleicht nicht doch mehr? Hat sie ihr Suchen nach einem Weg zur Wahrheit vielleicht nur auf die Sexualität verschoben?

Und ist sie trotz aller Scheinsicherheit nicht vor allem auch ein einsames, leidendes Opferlamm elterlicher Verantwortungslosigkeit, und der Verantwortungslosigkeit eines enttabuierenden Zeitgeistes? Stand die 16jährige in der Selbstverantwortung oder in der Kette der Generationen von Menschen, die wissen und wußten, daß sie ihres eigenen Glückes Schmied sind, und daß erlaubt ist, was gefällt? Ist Birgit nicht vielleicht einfach ein unschuldiges Opfer von vorangegangenen Sündern, die meinten, daß Gott überholt sei und man sich um die unsichtbare Instanz hinter den Türen nicht mehr zu kümmern brauche? Entsprang sie vielleicht dem Fluch bis ins dritte und vierte Glied, von dem die Bibel weiß?

„Meine Eltern hatten immer wechselnde Bettgenossen", berichtet Birgit verächtlich, „sie brachten sie umschichtig nach Hause. Mein elterliches Haus war dafür geräumig genug. Als ich sechzehn war, stank mir aber doch alles so, daß ich ein riesengroßes Spektakel veranstaltete, und sie mir aufgrund meines energischen Wunsches eine eigene Wohnung zubilligten. Sie selbst liefen dann bald auseinander. Ich war wohl so eine Art letzter Kitt für diese Ehe gewesen, die keine war."

Tränen in den Augenwinkeln des verdunkelten Gesichts lassen es dennoch auf einmal offen werden und hell aufglänzen. Und dann sagt Birgit nachdenklich den aufschlußreichen Satz: „Bei meinem vielen Männerausprobieren habe ich irgendwie meine Würde aufs Spiel gesetzt, meine Würde als Frau; und dabei suchte ich anscheinend etwas, was sich auf diesem Weg gar nicht finden läßt, so ähnlich wie man beim Strampeln im Moor nicht erwarten kann, einen Berggipfel zu erreichen. Aber was suchte ich denn dann wirklich?"

Natürlich war ich versucht, an dieser Stelle mit der Antwort herauszuplatzen; denn sie heißt schließlich: Was du dort im Bett so voreilig und im Trotz gegen deine ungetreuen Eltern suchtest, ist die Liebeseinung mit Gott, ist dein Sich-Öffnen für IHN, damit er dich mit Liebe so füllen kann, daß du im Liebeseifer für IHN, für die Menschen und dann auch für einen einzigen Mann liebesfähig wirst.

Aber wie sollte Birgit das so unvermittelt verstehen können? Oder war ich zu feige, habe ich mir und dem Mädchen zu wenig zugemutet? Ich bin den kleinen Weg gegangen und habe ihm davon erzählt, daß der Leib einer Frau sich nicht von ihrer Seele abspalten läßt, daß immer erst der Liebesstrom des Herzens existent sein müsse, ehe der Leib sich wirklich hingeben kann. Gewiß gebe es Sextechniken. Gewiß ließen sich Organe fachmännisch reizen im Sinne der sogenannten „Sexualtherapeuten". Aber sie habe das schließlich voll durchprobiert und leidvoll erfahren: Eine gesunde Seele beuge sich dann nicht der sogenannten autonomen Sexualität, nein, sie entwickele einen Abwehrmechanismus, der es schließlich schwermache, die Nähe eines Mannes überhaupt noch ertragen zu können. Es entstünde schließlich gewissermaßen ein nicht mehr brechbarer Schutz für die Seele, da sie sonst in die Gefahr gerate, verloren zu gehen …

„Was soll ich tun?" fragt Birgit und kommt dann selbst

auf den Gedanken, ihrem Freund von ihrer Verwundung zu erzählen und ihn um Geduld zu bitten, um den Versuch, der Herzensliebe Zeit zum Wachsen zu lassen und sie gemeinsam sorgsam in gegenseitigem Bemühen zu pflegen, das Für-einander-Sein, das Auf-einander-Hören, das Mit-einander, die gemeinsamen Interessen zu pflegen – geduldig miteinander zu sein.

Birgit hat vor lauter Zustimmung helle, tiefe Augen bekommen; sie schaut mich an, als wolle sie mich ausloten. Sie ist erleichtert, so sagt der Augenschein. Und dennoch fragt etwas in ihr, möchte weiter fragen, ist unruhig, wie auf der Suche nach dem Geheimnis noch hinter dieser Information …

Ich entlasse sie. Das Wort Gott ist nicht gefallen, umso mehr das Wort Liebe; Maria, ist das genug? Liebe ist schließlich die Wahrheit. Aber auch die Liebe braucht in Gott ihr Ziel, wenn sie uns beständig halten soll. Meinst du, ich hätte mehr Mut haben sollen?

Bitte für Birgit, heilige Mutter Gottes, bei deinem großen Sohn, bitte für sie jetzt und in den Stunden ihres Mühens um ein anderes, ein neues, ein besseres Leben das zu dir, Gott Vater, führt!“

Spätfolgen

„Ich fühle so sehr", sagt der beinamputierte Mann mir gegenüber, „meine Behinderung ist eine Strafe; aber wofür – und von wem? Schließlich habe ich nicht einmal am Steuer des Wagens gesessen, als uns dieser Verrückte rammte. Aber was ist das für ein Schicksal, nun lebenslänglich zwischen Rollstuhl und Krücke zu verbringen; und wer ‚schickt' es mir? Ich glaube nicht an Gott. Im Gegenteil, ich habe seit mehreren Jahren in der Volkshochschule als Biologe Kurse über Monods Lehre von Zufall und Notwendigkeit gehalten. Hier wird ja praktisch bewiesen, daß es einen persönlichen Gott gar nicht geben kann."

„Aber dann brauchen Sie doch auch gewiß nicht den Rat eines christlichen Psychotherapeuten", antworte ich. „Dann glauben Sie doch, daß Zufall eben Zufall ist."

„Nun ja", entgegnet mein Kontrahent nachdenklich; „aber in meiner langen Krankenhauszeit habe ich eben begonnen, darüber nachzudenken. Zu-Fall, was sagt dieses Wort letztlich? Es fällt irgendwoher doch irgendwem etwas zu, so vermittelt zumindest dieser Wortsinn. Eigentlich ist bereits das Wort Zufall so etwas wie eine Gegenvermutung gegen den zusammenhanglosen Zufall, in dem Sinn, wie ich bisher das Wort gebraucht habe. Und dann diese bohrende Stimme in meinem Inneren, die mich in den schlaflosen Nächten geradezu andröhnt: ‚Das ist die Strafe!' Also bitte, sagen Sie mir etwas dazu!"

„So einfach kann das nicht sein", erwidere ich. „Eins ist freilich sicher, daß diese innere Stimme ein Zeichen dafür ist, daß Sie erhebliche Schuldgefühle haben. Aber schon, ob diese Gefühle ein Zeichen echter Schuld (gegen wen oder was?) sind, oder ob sie nur die Ausgeburt eines überstrengen Gewissens sind, läßt sich so ohne weiteres nicht sagen."

„Nun", meint der Verletzte hartnäckig, „das letztere können wir wohl ausschließen. Ich bin durch meine Soziologeneltern von derlei Belastungen freigehalten worden. ‚Die Hauptsache, du gewöhnst dir gar nicht erst ein strenges Überich an', war eine Prämisse meines Vaters. Wir wurden total frei erzogen. Und wenn mal irgend etwas nicht ganz astrein war, (einmal hatte ich im Kaufhaus etwas mitgehen lassen und wurde dabei erwischt) erzählte mir Mutter etwas, das mich vor mir selbst rechtfertigte. ‚Hermeneutische Psychologie', nannte sie das.

Umso mehr erschüttert es mich jetzt, daß ich von dieser inneren Stimme so geplagt werde. Und übrigens habe ich da in meiner Vergangenheit schon ziemlich herumgekramt, außer daß ich meinen jüngeren Bruder ein paar Mal unmäßig verhauen habe, als der in seiner Pubertät anfing, mich anzumotzen, kann ich mich auf nichts gravierend Bösartiges gegen meine Mitmenschen besinnen. Nein, im Ernst – und deshalb bin ich ja so irritiert und gerade zu Ihnen gekommen – ich habe den dunklen Verdacht, daß hier genau der Gott im Spiel sein könnte, gegen den ich mit meiner Seminararbeit so überzeugend gekämpft habe. Ich will es ihnen verraten: Ich habe im Krankenhaus angefangen, die Bibel zu lesen und darin eine Menge Dinge entdeckt, die mir durchaus glaubenswert erscheinen. Der Gott der Liebe – im Grunde verstehe ich mich selbst nicht – aber auf einmal leuchtet es mir ein, daß wir dieses Überprinzip, das die Natur und den Tod in all ihrer Grausamkeit entmachtet, wirklich brauchen, wenn wir nicht seelisch kaputt gehen wollen. Aber nehmen wir einmal an, mir gelänge es, daran zu glauben; wie werde ich dann mit der Stimme, die mir sagt, daß mein Unfall eine Strafe – und das heißt ja eine Strafe Gottes – ist, fertig? Der alttestamentarische Gott der Juden – das war vermutlich ein ziemlich rachsüchtiger Gott, soweit ich mich jetzt belesen habe; aber darüber könnte ich mich noch hinwegsetzen; denn gerade darin hat uns doch Jesus Christus eines Besseren belehren wollen. Um mein Problem auf eine kurze Frage einzuengen: Ist es denn denkbar, daß ein Gott der Liebe, ein von ihm geliebtes Kind, nämlich mich, mit dem lebenslänglichen Verlust seiner beiden Beine bestraft?“

„Sie denken es ja, also ist es auch denkbar“, antworte ich. „Die Frage, ob unser Gott Sie persönlich bestraft, kann ich Ihnen gewiß nicht beantworten. Das wäre eine Anmaßung, auf die es eine endgültige Antwort für Sie wohl erst jenseits des Todes gibt. Aber eins scheint mir nach allem, was Sie schilderten, ziemlich wahrscheinlich: Daß Ihr Gewissen in den Wochen nach dem Unfall massiv in Funktion getreten ist, und das ist umso erstaunlicher, als es durch Ihre Erziehung wenig Mobilisierung erfahren hat. Eine Erziehung, wie Sie sie genossen haben, läßt übersteigerte Schuldgefühle in der Tat meist weniger aufkommen als eine mit rigiden Erziehungsmethoden. Dennoch empfinden Sie Schuld und zwar nicht vor irgendeinem Menschen, sondern unmittelbar vor Gott! Mir scheint, Sie sollten in Zukunft eher

Seminare über die Existenz Gottes halten und Ihre Geschichte als Beweis einbringen, daß er sich allenfalls verdrängen, aber nicht durch Sextanerlogik abschaffen läßt. Nach allem, was Sie mir erzählen, ist doch gewiß, daß Sie durch Ihr leidvolles Krankenlager längst zum Glauben vorgestoßen sind.

Bedenken Sie bitte, daß damit aber die Frage nach der Strafe durch einen Gott der Liebe zum mindesten theoretisch (es steht mir, wie gesagt, nicht zu, das für Sie persönlich zu entscheiden) bereits positiv beantwortet ist. Wenn es durch ein schmerzhaftes Zurückreißen möglich ist, ein Kind, das auf einem Weg zum tödlichen Abgrund ist, zu retten, meinen Sie, Sie würden das als Vater, der sein Kind liebt, nicht unverzüglich tun? Wenn wir, laut Bibel, annehmen, daß der Glaube der einzige und wichtigste Garant ist, um den Tod zu überwinden und das ewige Leben in der Seligkeit mit Gott zu gewinnen, könnte da nicht in der höchsten Bedrängnis des liebenden Vaters so ein Eingreifen unumgänglich werden?“

Mein Gegenüber stöhnt. „Aber müssen mir deshalb gleich beide Beine abgerissen werden?“

„Bitte noch einmal: Verwechseln Sie nicht mich mit Gott-Vater! Seine Wege sind und bleiben für uns geheimnisvoll. Sie sollen offensichtlich für uns nicht total verstehbar und das heißt, nicht absolut berechenbar werden. Und ich nehme an, auch dies geschieht aus Liebe für uns. Aber ich möchte immerhin zu bedenken geben, daß Jesus im Evangelium von einer einzigen Sünde spricht, die jenseits des Todes keine Vergebung finden kann – und das sei die Sünde gegen den Heiligen Geist.“

„Ja, das habe ich auch gelesen, aber nicht verstanden“, bestätigt der Behinderte. Doch es hat mir einen Schrekken eingejagt, als bekäme ich einen Stich mitten durch das Herz."

„Warum hat es Sie so getroffen?" fasse ich nach.

„Na ja", entfährt es dem Kranken, und auf einmal verdunkelt tiefe Schamröte sein Gesicht, „vielleicht waren meine vielen Kurse so etwas wie ein Verstoß gegen den Heiligen Geist, dieser mein Versuch, jede Menge besonders junge Menschen zur Glaubenslosigkeit zu manipulieren? Vielleicht hätte ich genau das Gegenteil gelehrt, wenn ich früher auf die wirklich kreative Stimme in mir gehört hätte. Ich bin zwar getauft, aber nicht mehr gefirmt; dennoch – was das Christentum lehrt, habe ich schließlich mitbekommen. Vielleicht hätte ich ohne Vorurteile, mit denen ich mich zumauerte, doch früher merken können, was darin steckt."

„Aber nun haben Sie es ja gemerkt", entgegne ich – und zwar durch die große Katastrophe. Vielleicht wäre es mit einer kleinen nicht getan gewesen? Vielleicht hat unser Gott Sie mit so großen Gaben ausgestattet, daß er nicht will, daß diese lebenslänglich ungenutzt bleiben, oder noch schlimmer, daß sie in den Dienst unglücklich machender Verunsicherung junger Menschen gestellt werden? Und hat das, wenn es wirklich so wäre, nicht ganz viel mit Liebe zu tun? Und was halten Sie von der biblischen Aussage, daß Christus sich um das Lamm, das verloren ging (und das nun vielleicht im Begriff ist, sich zu Tode zu stürzen), ganz besonders intensiv kümmert? Daß er gerade dieses Lamm aufhebt und es heimträgt, zurück in den heimatlichen, väterlichen Stall? Könnte Sie diese Vorstellung nicht vielleicht auch stärken, wenn der Schicksalshader in Ihnen hochkriechen will?"

Der Mann hat seinen Kopf in seine Hände vergraben und atmet schwer. Plötzlich richtet er sein tränenüberströmtes Gesicht wieder auf. „Sie meinen also, es ist doch noch nicht zu spät?"

„Nehmen Sie die Arznei unseres Arztes in Anspruch", rate ich, „Sie werden dann spüren, wie er die Seele von der Krankheit zum Tode heilt und werden Ihren Frieden finden."

Mein Besucher hangelt sich in seine Krücken hinein. „Sie haben da eine so wunderschöne Ikone", sagt er. „Mir war die ganze Zeit über, als hätte mich die Schmerzensmutter vom Kamin herüber angeschaut und mich gewissermaßen in den tröstlichen Schutzmantel ihres Geistes genommen."

„Das tut sie auch", freuen wir uns …

Heilung mit dem Rosenkranz

„Ich weiß nicht, warum ich mit meinen Eßproblemen immer noch nicht zurecht komme“, klagt die junge Architekturstudentin. „Schauen Sie, als ich 16 Jahre alt war, bin ich magersüchtig geworden. Ich fand mich viel zu fett. Meine Freundin war viel dünner als ich und hatte bei allem viel mehr Erfolg. Sie schnappte mir auch einen Jungen weg, den ich gerne als Freund gehabt hätte. Da habe ich mich auf 35 Kilo heruntergehungert. Freilich, nach einer Weile habe ich gemerkt, daß ich an nichts anderes mehr denken konnte als an das Essen. Zwischendurch bekam ich Heißhunger; aber wenn der mit mir durchging und ich einfach drauflosaß, bekam ich panische Angst. Mein Bauch blähte sich auf, und ich fühlte mich wie eine Tonne. Ich rannte dann durch die Gegend oder lag verzweifelt heulend auf meinem Bett. Das rief meine Mutter auf den Plan. Sie machte mir Vorwürfe, und ich schrie sie an. Schließlich haßten mich alle in der Familie, obgleich ich vorher gut mit meinen Eltern und meinen Geschwistern zurecht gekommen war.

Irgendwann hatte ich bei solcher Gelegenheit soviel durcheinander gegessen, daß ich erbrechen mußte. Da spürte ich eine ungeheure Erleichterung. Die Angst war weg, der Bauch war weg. Von da an aß ich alles, was mir schmeckte – und das war meist Hochkalorisches: Pommes, Eis, Schokolade, Nutella und erbrach es, indem ich den Finger in den Hals steckte.

Nach einiger Zeit ging es, ohne daß ich nachhalf. Das regelmäßige Erbrechen hatte viele Vorteile: Ich konnte mich wieder besser auf die Schule konzentrieren. Ich machte Abitur, ich ging ins Studium. Aber je länger meine Bulimie andauert, umso mehr leide ich an ihr. Zwar kann ich jetzt auf jede Fete gehen und mich auch auf jedes kalte Buffet freuen; zwar halte ich mein Gewicht, aber erstens komme ich mit meinem väterlichen Scheck selten aus, weil ich einfach viel zu viel konsumiere, zweitens habe ich durch die Magensäure so schlechte Zähne bekommen, daß mir sogar schon die Schneidezähne überkront werden mußten; aber drittens – und deshalb bin ich durch halb Deutschland gereist, um mich ausgerechnet von Ihnen beraten zu lassen – bekomme ich allmählich ganz unerträgliche Schuldgefühle. Ich gehöre der katholischen Jugend an und bin seit meiner Schulzeit aktiv organisiert. Und doch kann ich nun schon seit langem nicht mehr kommunizieren. Bitte, versuchen Sie mir nicht auszureden, daß mein Verhalten Sünde sei. Ich bin mir dessen zu sehr bewußt. Schließlich hat Gott diesen meinen Organismus so geschaffen, daß meine Nahrung verdaut werden soll. Aber ich sage nicht ja zu dieser seiner Ordnung, sondern ich sage nein. Ich bin ungehorsam. Ich gehorche einem anderen Gott – und das ist ein Angstgötze. Der zwingt mich, ihm zu gehorchen. Aber daß er der falsche Gott ist, erkenne ich daran, daß er mich nicht wirklich frei macht, obgleich ich mir die Freiheit nehme, nach seiner Pfeife zu tanzen. Ach nein, er nötigt mich eben dazu. Freiheit habe ich kein Fetzelchen mehr. Es ist auch gänzlich hoffnungslos, davon loszukommen, einfach dadurch, daß man den Entschluß faßt, nicht mehr zu brechen. Dann müßte ich ja praktisch wieder hungern, und das kann ich erst recht nicht mehr. Schließlich will ich studieren, statt immer nur durch die Obstläden zu jachtern. Eine meiner Freundinnen hat alle Waffen gestreckt und ißt, soviel sie mag. Sie wiegt jetzt 85 Kilo, sieht scheußlich aus und ist innerlich gänzlich verwahrlost, einfach resigniert verzweifelt.

Bitte, um Himmelswillen, zeigen Sie mir einen Weg!"

„Haben Sie einen Freund?" frage ich.

„Ja, ja", antwortet Regina. „Wir mögen uns sehr; wenn wir unser Studium abgeschlossen haben, wollen wir heiraten. Ich möchte Kinder haben. Aber das ist es schließlich gerade: Am Anfang der Erkrankung lag die Ursache sicher zu einem Großteil daran, daß ich überhaupt nicht an mich selbst glaubte, daß ich mich häßlich und minderwertig fühlte. Torsten hat mir das aber durch seine Liebe genommen. Der mag mich dünn und dick, jedenfalls sagt er das. Und ich glaube ihm das auch. Er ist kein Mensch, dem es auf das Äußere ankommt; aber dennoch ist die Brecherei bei mir so eingewöhnt, so hartnäckig wie ein bedingter Reflex."

„Nun, nicht nur *wie* ein Reflex – es ist einer!" gebe ich zurück. „Um sich von ihm zu lösen, ist ein harter Kampf nötig. Aber mit einem solchen Bemühen zu beginnen, das hat erst Sinn, wenn man seinen Minderwertigkeitskomplex überwunden hat – und das scheint bei Ihnen ja der Fall zu sein. Es hat auch erst Sinn, wenn die Sehnsucht, seelisch und leiblich satt zu werden, befriedigt ist und der Leidensdruck sich vor allem nur noch darauf bezieht, aus der Ungeordnetheit gegen Gott herauskommen zu wollen."

„Ja, das ist bei mir wohl der Fall. Allzu groß ist meine

Freßsehnsucht nicht mehr, und Torsten überschüttet mich so mit seiner Liebe, daß ich wirklich unersättlich sein müßte, wenn ich davon nicht satt werden würde."

„Man muß freilich darüber hinaus sich auch noch selbst eine liebevolle und verständnisbereite Mutter sein; denn in Ihnen war gewiß eine hungrig weinende Säuglingsseele, als die Erkrankung – dieser Konflikt zwischen Gier und Angst vor dem Kontrollverlust – einsetzte.

Aber schön; nehmen wir an – und ich glaube Ihnen das gern –, daß Sie seelisch schon so weit gefestigt sind. Dann stehen wir in der Tat vor der Frage: Wie wird man mit der Hartnäckigkeit eines eingewöhnten bedingten Reflexes fertig? Sie haben längst die Erfahrung gemacht, daß man das so ohne weiteres nicht schafft, daß der Zwang stärker ist als der Wille. Und das macht von neuem klein. Das facht das Gefühl von Minderwertigkeit wieder an, auf dessen Boden die Krankheit einst entstand. Aber Sie sind Christ, und deshalb gibt es für Sie ziemlich viel Hoffnung.

Gönnen Sie sich also vor jeder Mahlzeit (im stillen Kämmerlein) ein Bittgebet. Bitten Sie darum, daß Sie es schaffen, sich das tägliche Brot dankbar einzuverleiben, weil Sie wissen, daß das ein gnädiges Geschenk unseres Gottes ist, daß das für Sie bereitete Essen eine Liebesgabe von Gott für Sie persönlich ist. Freuen Sie sich darüber, daß Sie so von ihm geliebt werden, daß er Sie mit Nahrung beschenkt. Sagen Sie jedesmal: ‚Ich weiß, Herr, daß du mich liebst'.

So, und wenn Sie in diesem Geist und ohne während des Essens viel nachzudenken, die Mahlzeit zu sich genommen haben, dann verschwinden Sie wieder im stillen

Kämmerlein. (Wenn Ihr Freund da ist, der ja über Ihre Problematik voll unterrichtet ist, oder wenn Sie sonst jemanden mit in der Wohngemeinschaft haben, der Sie versteht und dem Sie sich anvertraut haben, dann können Sie sich von diesem jemand, der aber in Rufnähe bleiben sollte, für eine Stunde einschließen lassen). Und dann beten Sie mindestens vier volle Sätze des Rosenkranzes, leise murmelnd, am besten im Sitzen. Das dauert ca. vierzig Minuten. Und dann ist die Hauptmenge der Nahrung bereits unwiderruflich im Darmbereich verschwunden. Natürlich ist damit nicht allein irgendeine monotone Beschäftigung als Heilmittel anempfohlen, sondern die Anrufung einer himmlischen Kraft und die Einbergung sehr speziell in jene Person, die die Notwendigkeit des Vitalen ebenso repräsentiert wie die Möglichkeit, es durch Gottgehorsam zu integrieren und zu überschreiten.

Im katholischen Glauben besteht eben die Möglichkeit, diesen so wirksamen und sinnträchtigen Heilsweg einzuschlagen. Strukturell entspricht eine solche Praktik sehr den Versuchen der modernen Verhaltenstherapie, und doch ist sie mehr. Sie ist die Anrufung einer beschützenden, barmherzigen Person. Deshalb ist die Hilfe auch logischer und zielgerichteter.

Versuchen Sie es einmal damit, Regina. Verzweifeln Sie nicht daran, daß die erste Woche ebenso schwer ist wie für einen Rauschgiftsüchtigen, der sich von seiner Sucht mit klinischer Hilfe zu entwöhnen sucht. Verlieren Sie an kleinen Einbrüchen und Rückfällen auch nicht den Mut, und freuen Sie sich (am besten zusammen mit Ihrem Freund) an jeder einzelnen Nahrungsaufnahme, die Sie nicht erbrochen haben. Ihre Worte haben mir bewiesen, daß Sie reif und stark genug sind für so einen Heilungsversuch. Ich wünsche Ihnen ein gutes Gelingen."

Nach einigen Wochen bekomme ich eine Postkarte mit einer Mantelmadonna: „Liebe Frau Meves", schreibt Regina. „Denken Sie nur, ich erwarte ein Baby! Die Heilige Mutter hat mir wirklich geholfen. Ich bin okay – und nun darf ich ja sowieso erst mal für zwei essen!"

Liebe ist mehr als Prestige

Susanne will nichts mehr mit ihren Eltern zu tun haben. Sie ist schon seit geraumer Zeit weit weg vom Elternhaus an ihrem Studienort; und es besteht auch kein vernünftiger Anlaß zu so viel Abneigung. Die Eltern bezahlen in treuer Fron die sich lang hindehnende Ausbildung. Ihre einzige „Sünde“ besteht darin, die Tochter am Telefon gelegentlich und sehr schüchtern danach zu fragen, wann sie wohl Examen zu machen gedenke. Die Beziehung ist auch jetzt erst so negativ geworden. Susanne war eine artige kleine Tochter, besonders von der Mutter liebevoll umsorgt. Was ist mit Susanne? Obgleich sie schimpft, ist ihr Gesicht nicht verhärtet. Die Stimme wird zunehmend kehliger, die Augen immer größer, immer trauriger – schließlich bricht sie schluchzend zusammen.

Dann schält es sich allmählich heraus: Susannes Aggressivität ist Verzweiflung. Es kommt ihr allmählich zum Bewußtsein, daß ihr Weg in einen Männerberuf über das Hochschulstudium für sie nicht das Richtige war. Aber sie will die Eltern nicht enttäuschen. Sie will deren Anspruch genügen, der mittlerweile auch der ihre geworden ist. „Entweder der Berufsabschluß oder Tod – das ist doch Ehrensache!“ stößt sie hervor.

Das also ist die Ursache von Susannes Wut: Das Studium – weil unangemessen – wird ihr zu schwer. Und nicht ganz zu unrecht hat sie das Gefühl, daß der intellektuelle Anspruch der Eltern die Quelle der Sackgassensituation ist. Es sollte etwas Besonderes sein, auf das sie ihrer Eltern Stolz zu richten hoffte. So wählte Susanne das Ingenieurstudium. Ein Mädchen, das Naturwissenschaft studiert, das war etwas in den Augen der Umwelt. Nur ihre Begabung entsprach dieser Fachrichtung eben allzu wenig! Susanne ist in eine Sackgasse geraten. Eigentlich möchte sie das Studium abbrechen, und da es so viel mit dem Elternwunsch zu tun hat, deshalb sägt sie an ihrem Band zu den Eltern. Aber sie liebt sie doch – und die Eltern lieben sie!

„Ist Liebe nicht wichtiger als Leistung?“ wage ich zu entgegnen. Susanne wird ganz steif vor Verzweiflung: „Doch was dann?“ fährt sie mich an: „Ich muß mich doch irgendwie ernähren können!“

„Aber mit den Studienfächern, die Sie gewählt haben, werden Sie aller Wahrscheinlichkeit nach unglücklich werden“, gebe ich zu bedenken. „Nach Zweckmäßigkeit scheinen sie mir auch nicht ausgewählt worden zu sein, sondern eher nach einem Prestigeanspruch Ihrer Eltern, nach der Hoffnung, als Mädchen in einem Männerberuf besonders anerkannt zu sein.“

„Na ja, Neigung war es wohl wirklich nicht“, gibt Susanne beklommen zu. „Im Grunde sind die Ingenieurwissenschaften die Interessengebiete meines Vaters! Er hätte sie studieren wollen, wenn die Nachkriegsnot ihn daran nicht gehindert hätte.“

„Ihre Fächerwahl hat also zum Teil den Sinn, Vaters Wunschtraum zu verwirklichen? Aber Sie sind doch nicht Vater, sondern Susanne!“

„Ja, genau, das habe ich inzwischen auch bemerkt“, bestätigt das Mädchen. „Jemandem etwas zuliebe tun, das war schon immer meine größte Freude", entschuldigt sie sich.

„Kann es nicht auch sein, daß Ihnen dabei der so berechtigte religiöse Wunsch, Gott mit dieser Wahl Liebe zu erweisen, in die irdische Schublade geraten ist? Versuchen Sie doch einmal darüber nachzudenken! Ihrem liebenden Vater Gott etwas zuliebe zu tun, das heißt aber, etwas zu tun, das ihren wirklichen, von IHM in Sie hineingelegten Begabungen entspricht."

„O je", entfährt es Susanne, „dann würde ich Andreas spätestens übermorgen heiraten und mindestens drei Kinder bekommen."

„Dann tun Sie's doch", wage ich kühn zu raten. „Von was?", brüllt Susanne plötzlich los, „Andreas verdient noch keinen Pfennig!"

„Aber er hat seine Ausbildung bereits abgeschlossen, er liebt Sie, er gibt sich schon alle Mühe, eine Existenz zu gründen."

„Und meine Eltern?"

„Susanne", erwidere ich, „sagten Sie nicht, daß Ihre Eltern Christen seien? Für Christen steht die Liebe immer höher als der im Geld faßbare Leistungsanspruch. Meinen Sie nicht, es wäre Ihren Eltern lieber, wieder eine schöne harmonische Beziehung zu ihrer Tochter zu haben, statt keine zu einer depressiven mit Ingenieursprüfung, die ihr Unglück aggressiv auf die Eltern projiziert?"

Überforderung

Nun habe ich immer noch den merkwürdigen Piepston im Ohr, den dieser 11jährige Junge heute nachmittag in kurzen Abständen von sich gab. Was sollte das? Er war ja nicht schwachsinnig oder sonst irgendwie hirnorganisch geschädigt, wie alle Untersuchungsbefunde bestätigt hatten. Er machte diesen Ton schließlich auch nicht willentlich. Er spielte und arbeitete fröhlich mit uns gemeinsam. Aber die Eltern berichteten, daß er dadurch in der Schule bei den Lehrern Befremden, bei den Kindern spöttisches Gelächter hervorriefe. Keinerlei Ermahnungen hätten aber geholfen ..." „Jiek, jiek." Es gibt diesen Ton irgendwo in meinem Alltagsleben. – Ja, auf einmal weiß ich es: Mein Wecker macht solche Geräusche. Sie sind zwar angenehm leise; aber sie bringen mich doch in ihrer gesamten beharrlichen Monotonie zum Aufwachen. Zu was will uns der kleine Tobias wecken?

Tobias hatte einen grausamen Lebensstart: Von einer seelisch kranken Mutter geboren, wurde er in seinen ersten beiden Lebensjahren so vernachlässigt, daß er in die Nähe des Hungertodes geriet – und nur dadurch, daß die Rabenmutter ihr Kind gänzlich verließ, kam die Behörde in den Zugriff des Elendshäufchens und zu der Möglichkeit, es sofort in die Pflege eines liebevollen kinderlosen Elternpaares zu geben. Traurig gewiß, aber mit dem Schluß eines so schönen Ausgangs. Immerhin hat das Kind doch nun alles, was es braucht: Brot und Liebe in Fülle – und das schon seit satten neun Jahren!

„Schau Dir noch einmal die Zeichnungen des Jungen an, die er hier malte", rät meine Praxishelferin. Seltsam: Da ist ein ganz kurzer Baumstumpf, mit glattem Schnitt säuberlich abgesägt. Daneben wächst mit kraftvollem Stamm ein zweiter Baum empor, lebendig sprießend, aber er hat an der rechten Seite eine große Narbe des gänzlich abgeschnittenen Hauptastes. Nur links gibt es normales Gezweig. „Oh ja", mir fällt es wie Schuppen von den Augen: Da zeichnet das Kind unbewußt seinen gefährlich traurigen Fehlstart, da gibt es die mühevolle, geduldige Arbeit der Pflegeeltern an dem jungen Baum wieder. Aber dann ist da noch eine neue Verletzung auf der intellektuellen Seite. Die Schule? Die Eltern haben mir etwas gänzlich Neues berichtet: Sie gaben das Kind in eine Privatschule, in der man auf die pietistische Pädagogik des 19. Jahrhunderts zurückgriff. In bewußter Abkehr von der so schädlichen, laufenlassenden atheistischen emanzipatorischen Pädagogik der Staatsschulen versuchte man hier, mit Strenge, Disziplin und vielerlei Strafandrohung zu erziehen.

„Manchen Kindern bekommt das anscheinend gut", berichten die Eltern; „aber unser Tobias versagt trotz guter Intelligenz dort immer mehr. Und wir sind zu Hause nun auch genötigt, immer strenger, immer fordernder seine Schularbeiten zu beaufsichtigen", fügt die Mutter hinzu, „und dabei gibt es nun immer mehr Konflikte. Tobias wird immer unkonzentrierter, immer langsamer, so sehr ich ihn auch ermahne. Und nun noch dieses aufreizende Piepsen dazu!"

Marias Augen glänzen dunkel, warm, mitleidend, aber auch doch sanft drängend zu mir herüber. „Ja", weiß ich auf einmal, „das Kind ist eben doch noch nicht muttersatt, es braucht Sie noch in Ihrer ganzen verfügbaren Bedingungslosigkeit!" Für diesen Knaben, dem der bergende Liebesgrund einer nur gebenden und nie fordernden Mutter an seinem Lebensanfang fehlte, wird eine streng fordernde Pädagogik rasch zur Überforderung. Wenn der christliche Aspekt der Disziplinierung zu einseitig, zu früh in den Vordergrund gestellt wird, wenn der Versuch gemacht wird, die angeborene Trägheit zu rigoros auszutreiben, dann müssen zuerst diejenigen Kinder auf der Strecke bleiben, die noch nicht liebessatt geworden sind.

Und nun wird auch klar, daß selbst die eigentlich wohlmeinenden Pflegeeltern mit in den Sog einer disziplinierenden Pädagogik gerieten, die sie mehr zu Zusatzaufsehern als weiter zu nachfüllenden Liebenden werden ließen. Die Kinderseele ahnt die Gefahr, ohne ihrer bewußt zu sein – deshalb der Warnton.

„Bemühte Christen brauchen dich eben, Maria", kommt es mir in den Sinn. Sie brauchen die Erkenntnis, daß keine das Ego überwindenden Lebensstationen erreichbar sind, wenn nicht in marianischem Geist die Brunnen der Kinder mit Liebe gefüllt sind. Ja, nun ist diesen Eltern viel gezielter zu raten!

Ein Notschrei

Maria, bitte, du mußt heute nach der zusammengesunkenen Gestalt schauen, die da in der fernen Stadt auf dem schmalen Bett ihrer kargen Absteige kauert, nachdem sie eben in Verzweiflung soviel Geld mit mir vertelefoniert hat. Sie ist ihrem Sohn nachgereist, der ihr mitgeteilt hat, daß er in Spanien einer Thronbesteigung entgegensähe, Juan werde zurücktreten, der habe eingesehen, daß allein sein junger deutscher Namensvetter ein echter Nachfolger Francos sein könne. „Mich traf das wie das schon lange erwartete Damoklesschwert", berichtete die Mutter; „denn ich erkannte sofort, daß nun eingetreten war, was ich lange schon befürchtet hatte. Daß der schizophrene Größenwahn meines Vaters sich auf meinen Jungen vererbt haben könne."

„Erinnern Sie sich?" hatte es von Ferne aus der Leitung gehallt, „ich habe Ihnen vor einigen Jahren schon einmal über meine Sorge geschrieben; und Sie haben mich damals getröstet und gemeint, daß es wissenschaftlich nicht nachgewiesen sei, daß Schizophrenie sich so unausweichlich vererbe. Aber nun ist sie eben doch ausgebrochen, die psychotische Veranlagung!

Ich habe mich sofort ins Flugzeug gesetzt, ohne zu wissen, wo Juan in dieser Riesenstadt Madrid sein könnte! Aber dann ist mir so Schreckliches passiert", schildert sie. „Ich bin des Nachts durch die Straße gelaufen und schließlich instinktiv ins Regierungsviertel geraten. Und plötzlich höre ich Tumult, Schüsse, Bremsgeräusche von Autos, laufe hinzu und sehe gerade, wie eine ganze Gruppe von Polizisten einen jungen Mann fesselt, der blutverschmiert vor ihnen auf der Straße liegt: Und denken Sie – es ist mein Juan! Ich bin hinzugestürzt, man wollte mich wegstoßen; aber ich habe immer wieder gerufen: Es ist doch mein Sohn, mein Sohn! Ich kann kein Spanisch, die Polizisten konnten kein Deutsch. Ich habe mich über Juan gebeugt, habe ihn bei seinem Namen gerufen: Er hat die Augen aufgeschlagen und leise gesagt: ‚Wer sind Sie?' “ Ersticktes Schluchzen aus der Leitung. „Man hat ihn weggefahren – in ein Gefängnishospital. Man hat mir die Adresse gegeben; morgen könnte ich vielleicht mit dem Arzt sprechen – hat mir einer der Wärter zugestikuliert. Oh, ich bin so verzweifelt.“

Ich rate der Mutter, den Sohn sobald wie möglich in eine deutsche Fachklinik überführen zu lassen. Ich gebe ihr eine Adresse. Ich weiß natürlich, das ist kein Trost.

„Ach, wenn mein Mann noch lebte, wenn er doch wenigstens in dieser schweren Stunde bei mir wäre. Ich bin so hilflos!“ Weinen.

Ich weine mit: „Liebe Frau X“, rufe ich durch den Äther: „In Wirklichkeit sind Sie nicht allein! Ich bin in der Mitqual ganz fest bei Ihnen! Ich bleibe Ihnen in dieser Nacht ganz nah! Und ich bete für Sie! Und holen Sie sich im frommen Spanien doch die Gottesmutter heran, die große Trösterin, die Schmerzensreiche!“

„Danke“, höre ich noch, dann bricht der Kontakt ab.

„Es läßt sich nichts tun, einfach nichts“, wende ich mich meiner Heiligen zu. Sie schaut ernst herüber, lächelt trotzdem. Jetzt auf einmal weiß ich: die verzweifelte Frau wird eine Klosterkirche finden, eine von denen, wo immer eine Schwester Nachtwache hält. Dort wird Jesus Christus voll anwesend sein. Maria wird ihm die schmerzgebeugte Tochter und Mutter ans Herz legen. Er wird sie mit der Kraft beschenken, die es ihr möglich macht, ihr Schicksal zu tragen!

Leibfeindlichkeit

„Jaha – wenn alle Kinder so entstünden, wie Jesus bei Maria; dann würde ich bestimmt nichts dagegen haben, zu heiraten“, sagt Simone und wirft ihren hübschen Kopf trotzig zurück; „aber so – nie! Nie werde ich mich zum Lustobjekt eines Mannes erniedrigen lassen, der sich sein Mütchen an meinem Körper kühlt; das ist einer Frau unwürdig und obendrein eine Schweinerei. Nein, ich stimme nur der platonischen Liebe zu“, gibt die 17jährige ebenso altklug wie bestimmt von sich. „Als man uns im Biologieunterricht klar gemacht hat, daß der Busen, der Mund, der Po, die Beine von Frauen für Männer Auslöser sind, der ihre Begehrlichkeit weckt, da war es um mich geschehen. Ich habe seitdem nie wieder meinen Lippenstift benutzt, im Gegenteil: Seitdem creme ich meine Lippen mit Penatencreme so ein, daß sie so bleich wirken wie mein Gesicht. Ich habe nie wieder einen Rock getragen, ich habe mich auf ganz weiten Schlapperlook eingestellt, und auch so viel abgenommen, daß kein Männerblick sich an meinem Busen festhaken kann. Fangen Sie ja nicht an, mich von etwas anderem überzeugen zu wollen. Das hat meine Mutter vergeblich genug versucht. Ich kann's nicht mehr hören. Ja, ich verachte zutiefst alle fetten Weiber. So richtig schamlos finde ich die – meine Mutter inbegriffen.“

Was läßt sich mit dieser neuen Mentalität der kleinen

Seejungfrau anfangen? Was läßt sich ihr entgegensetzen – dieser durch angstvolle Abscheu hervorgerufenen Verschlossenheit? Wie hole ich dieses Mädchen mit der vom Zeitgeist verletzten Seele wieder heraus aus seiner Entwicklungsverweigerung, die es wie Dornröschen im Angstschock erstarren ließ? Wie kann man diesem Mädchen helfen?

Es ist fast ein wenig Strenge in Marias Mundwinkel, ein Anflug von unwirscher Abwehr. Als unverheiratete Frau ja zu sagen zu einer Schwangerschaft war auch für Maria ganz gewiß keine unbedenkliche und selbstverständliche Entscheidung. Nötig ist deshalb gewiß, all den Annetten, Sibyllen und Simonen unserer Zeit zu verdeutlichen, daß – wenn man vom himmlischen Vater zur irdischen Mutterschaft ausersehen und mit seinem Mann im Sakrament der Ehe verbunden ist – wie bei Maria eine Sache der Gottesliebe, des Gottgehorsams, des Einfügens in die Schicksalbestimmung durch IHN bedeutet, wenn eine junge Frau sich dem ihr von Gott zugedachten Mann hingibt. Mit der Entstehung des Immanuel im Leib der Mutter Maria durch ein Wunder wollte der himmlische Vater dem Menschen doch bereits verdeutlichen, daß selbst Jesus ein Menschensohn und gleichzeitig auch inkarnierter Gott ist. Diese wunderbare Entstehungsart war nötig, weil das Wunder eben aussagt, daß Gott mit seiner Schöpfung vorhat, die Natur zu überschreiten; und daß er durch seine Inkarnation den Menschen zeigen will, wohin ihr gnadenreicher Erlösungsweg führt: Nämlich durch Liebe, Leid, Opfer und Tod zur Überwindung des Todes ins ewige Leben!

Meine kleine Patientin verweigert sich Gott, wenn sie zu ihrer Bestimmung als Frau nein sagt, gibt mir Maria ein. Es gibt keine Spaltung zwischen dem ‚schweinigen' Unteren und dem reinen Oberen.

„Aber wenn all die scheußlichen pornographischen Aufklärungsformen dem Mädchen erst einmal die Abscheu aufgenötigt haben, haben wir Ratgeber dann noch eine Chance der Heilung?"

Marias Augen sind dunkel vor Trauer …

Ein verschobenes Problem

Bernhard zittert vor Angst: „Aber es gibt ihn doch, nicht wahr – Gott, den Vater?“ fährt es aus ihm heraus.

Bernhard hat über den Californischen Tornado gelesen und mir darüber berichtet: „In einer Schule kamen an die 60 Kinder ums Leben, als das Dach einbrach“, weiß er, „auf einem Fluß kenterte ein Schiff mit einigen hundert unschuldigen Menschen. Wo war Gott da?“

Schweres Fragen, das sich täglich neu stellen läßt angesichts unserer so vermehrten Informationsmöglichkeiten über alles, was auf dem kleingewordenen Stern Erde an Katastrophen geschieht. Aber Bernhard legt die Geschehnisse nicht wie die meisten Menschen zwischen Furcht, Sensationslust und Mitleid wieder beiseite. Er hat an dieser bangen Frage ein Gebäude von Zwangsgedanken aufgebaut. Er ist ein geradezu süchtiger Sammler von Katastrophen geworden und fällt nun von einem Todesschrecken in den anderen – nach dem Motto: „Aber wenn Gott auch dieses Unglück in seinem fürchterlichen Ausmaß zuläßt, dann kann es doch gar keinen gütigen Vatergott geben!“

Um ihn zu beruhigen, stellen ihm seine Eltern fromme Literatur zur Verfügung, raten ihm, fleißig die Bibel zu lesen; denn zum Teilnehmen am kirchlichen Leben ist er nicht mehr zu bewegen. Schließlich könnte ja ein Unglück geschehen. Die Wahrscheinlichkeit ist überhaupt nicht klein, auf der Straße umzukommen, und so vermeidet Bernhard dergleichen schon seit vielen Monaten.

Sicher, Bernhard zittert darum, daß ihm sein Kinderglaube von der Geborgenheit in Gott abhanden kommen könnte, aber ist das der Kern seines Problems? Ich mutmaße nein; aber dennoch muß ich ihn mit seiner Fragestellung ganz ernst nehmen und ihm zunächst damit zu helfen suchen. „Für den Christen, gibt es dennoch einen ganz großen Trost auf die Frage nach dem unverschuldeten Unglück und Leid auf der Welt: Nämlich, daß das Leben ohnehin nur ein kurzes, vorübergehendes Zwischenspiel ist. Der Tod ist das Tor, und dahinter liegt das Sein, in dem uns keine Qual mehr anrühren kann. Für den Christen ist nicht von Bedeutung, wann und auf welche Weise wir nach Gottes Ratschluß sterben müssen, für den Christen ist es allein wichtig, den Zweifel zu besiegen und am Glauben festzuhalten."

„Aber genau das fürchte ich ja", erwidert Bernhard flatternd, „daß ich das nicht kann, daß alles, was ich da in der Presse sehe oder in den Radionachrichten höre, mich nötigt, nicht mehr an Gott zu glauben."

„Aber ist Dir schon einmal aufgefallen, daß Du die Zweifel täglich geradezu schürst, daß sie mittlerweile zu einer Art Höllenfeuer angewachsen sind, während Du die tröstlichen Antworten des Glaubens gar nicht erst an Dich herankommen läßt? Hast Du vielleicht mit dieser geistlichen Frage ein seelisches Problem vermischt, das Dir außerdem auch noch erhebliches Kopfzerbrechen macht?"

„Ja, ja", lächelt Bernhard, „mein großer Bruder, dieser freche Klotz, der hat neulich voller Wut gemeint: ‚Eigentlich läuft da bei Dir bestimmt was ganz anderes ab,

Du hast deine Neurose eben einfach nur an den Himmel gehängt.'"

„Dein Bruder scheint Freud gut gelesen zu haben", antworte ich, „wenn er ihn so flott zitieren kann; aber ich würde gerne einmal wissen, was hast Du bei der Rede Deines Bruders gefühlt, und was hast Du ihm geantwortet?"

Bernhard zuckt die Schultern. „Nichts", sagt er, „weder gefühlt noch geantwortet. Das geht doch gar nicht. Der ist mir sowieso immer überlegen. Er war immer groß, weise, fabelhaft", stößt er hervor, „Vaters Liebling sowieso; immer ein As in der Schule, nun schon erfolgreich auf der Uni. Da kann man nicht gegenanstinken", entfährt es ihm wütend.

„Aber hat Deine sich so verselbständigende Gedankenwelt diese Aufgabe denn jetzt nicht doch einfach übernommen?"

Bernhard schaut mich fragend an.

„Ist nicht inzwischen bereits die ganze Familie täglich mehr oder weniger mit Deiner Glaubensfrage und Deiner Angst beschäftigt?"

„Irgendwie ja", gibt Bernhard zu. „Früher drehte sich bei uns das Leben hauptsächlich um Gottfried; aber nun ist das anders." ...

Ein winziges triumphierendes Lächeln sitzt für einen Moment in seinem Mundwinkel. „Aber das will ich doch gar nicht", sagt er, „es hat auch gar keinen Sinn; schließlich schimpfen ja auch alle über mich und meine blödsinnige Angst."

„Natürlich hast Du Dir Deine Not nicht ausgedacht, Bernhard", beschwichtige ich, „dazu ist sie viel zu groß. Aber wenn ein Mensch seine natürlichen Lebensrechte nicht genug in Anspruch nimmt, sondern sich an die

Wand drücken läßt, dann entsteht Angst und setzt sich für den Bedrängten ein. Sie geht gewissermaßen mit ihm durch und besetzt für ihn den Lebensraum, der ihm zusteht."

„Na danke", meint Bernhard, „aber ich möchte lieber keine Angst haben, nur in irgendeiner Nische meine Ruhe".

„Gewiß", entgegne ich; „aber Du hast einen Lebensauftrag, und den sollst Du verwirklichen. Dazu gehört nun einmal die Selbstbehauptung gewissermaßen als ein Sprungbrett, und so muß die erst einmal zur Verfügung gestellt werden."

„Mit Hilfe von Angst?" fragt Bernhard ungläubig. „Praktisch ja, aber sie ist ein grobes Pulver, um den Menschen zur Bewältigung seiner versteckten Probleme zu bringen", erwidere ich. „Sie bringt eben den gestauten Antrieb auf irgendeine Weise zur Explosion."

„Aber nun geben Sie mir damit doch zu verstehen, daß Sie meinem Bruder recht geben", entfährt es Bernhard.

„Wir sollten bei unserem Versuch, Dir zur Orientierung zu verhelfen, unterschiedliche Gegebenheiten auch in verschiedene Schubladen einordnen: Gottfrieds taktlose Bemerkung erfordert zumindest eine Abwehr in diesem Bereich. Auf einen großen Klotz gehört nun einmal ein grober Keil. Das ist das eine; das Abklären der zentralen Angstquelle aber ist ebenso wichtig. Sie bleibt sonst so lange am Wirken, bis das zentrale Problem bearbeitet ist."

„Aber das tue ich ja immerzu", antwortet Bernhard begriffsstutzig. „Meine Frage lautet: Wie kann ein gütiger Vater Gott dies alles zulassen?"

„Richtig", sage ich, „und was die Theologen zu diesem Problem sagen können, hast Du längst im Kopf. Aber der Trost bleibt aus, die Angst quält weiter. Also ist es vorrangig kein theologisches Problem."

Bernhard denkt nach. „Also doch psychisch?"

„Laß doch einmal bei der Formulierung Deiner Frage allein das Wörtchen Gott weg", rate ich.

„Wie kann ein gütiger Vater dies alles zulassen? Ah ja", kommt es gedehnt. Nun wird Bernhard plötzlich puterrot, „ah ja, das könnte es sein, daß das bei allem, was bei uns zu Hause los ist, in mir gewühlt hat."

Die Stunde ist zu Ende. „Wir werden herausfinden, was das alles ist", gebe ich Bernhard mit auf den Weg.

„Bitte für ihn, heilige Mutter! Daß sein Seelenknäul sich entwirrt! Daß er den Mut zur Unterscheidung und zum Aufdecken seiner Probleme findet, selbst wenn er hinter seiner Angst entdeckt, daß er den Vater entthronen möchte, den leiblichen, und deshalb vor allem den himmlischen auch! Gib mir das richtige Wort zur richtigen Zeit für die nächste, so wichtige Stunde mit diesem Jungen!"

Der Wiederholungszwang

Das Jahr hat 52 Wochen. In jeder Woche dieses sich nun rundenden Jahres habe ich aus dem Süden der Republik einen dicken Doppelbrief bekommen, den Brief eines 17jährigen Mädchens, der stereotyp über viele Seiten hinweg in gehetzter, kaum leserlicher Schrift die immer gleichen Fragen enthält, mit der Bitte, sie sofort mit Rotstift zu beantworten. Da steht zu lesen: „Sie haben gesagt, ich darf 100 g Käse pro Tag essen. Ich habe ihn gegessen. Aber darf ich das auch wirklich? Ich habe solche Angst! Werde ich davon auch ganz bestimmt nicht fett? Es gibt so viele fette Leute! Werde ich bestimmt nie so fett wie die? Bitte, bestätigen Sie das hier ... Ich habe heute drei Clementinen gegessen. Mein Bauch ist schon ganz dick davon. Ist das Fett? Es rumort in meinem Bauch. Was bedeutet das? Bitte, beantworten Sie alle meine Fragen! Ich habe nur Sie. Bitte lassen Sie den Brief nicht liegen. Es gibt keinen, der mich versteht – nur Sie!"

Ich antworte. Ich mache geduldig all die vielen „ja" mit rotem Filzstift: „Ja, ja, ja". Sicher gibt es niemanden unter meinen Kollegen, der einem solch unsinnigen Briefwechsel auch nur irgendeinen therapeutischen Sinn abgewinnen könnte. Aber ich schreibe dennoch, Doppelbrief mit ermunternder Zusatzpostkarte, seufzend.

Kinder stellen die immer gleichen Fragen, weil sie

nach einem ihnen unverständlich seiendem Zusammenhang suchen. Seelisch Kranke kreisen meist um ein immer gleiches, sie fesselndes Problem, bei dem es um die seelische Existenz geht. Diese Bettina kreist um das Essen, weil sie sich selbst nicht angenommen fühlt. Weil sie deshalb nicht leben und nicht sterben kann, weil der Schock vor dem Erwachsenwerden wie ein tiefer Stachel in ihr sitzt. Sie lebt 900 km von mir entfernt. Sie wankte vor eineinhalb Jahren wie ein Gespenst zu mir in den Garten, fiel vor mich hin und schrie. Haut und Knochen, struppiges Haar, schöne, tief verwundete schwarzbraune Rehaugen. Sie schrie nicht etwa: „Helfen Sie mir“, sondern stattdessen wütend und zu Tode beleidigt, ohne viel Einleitung oder Annäherung: „Sie können mir bestimmt auch nicht helfen, das sieht man so!“

Ohne Maria im Rückhalt, hätte ich sie vielleicht einfach vor die Tür gesetzt – samt all ihrer abweisenden Verzweiflung. Aber zusammen trockneten wir die Tränen, wir schafften es zu trösten; wir machten ein Programm.

Damals hatte Bettina fünf Jahre lang mit kurzen häuslichen Zwischenzeiten nur in Kliniken gelebt, im Drehangelsystem zwischen Zwangsernährung, Scheingesundung und Neueinweisung. Nun ist Bettina eine grazile, hübsche Azubi in einem Beruf, der ihr Spaß macht, mit einem kleinen Monatsgehalt, über das sie frei verfügt, gehalten durch insgesamt 82 Briefe mit den immer gleichen Fragen und der immer gleichen Antwort: „Ja, ja, Bettina, Du wirst geliebt, ja, Bettina, Du wirst verstanden, nicht nur obenhin, sondern in der schrecklichen Tiefe Deiner dunklen Not, ja, wir sind bei Dir, neben Dir, mit Dir. Du bist nicht allein.“

Es ist die stereotype Geduld der Mütter mit ihren

Neugeborenen, die Schreien schließlich auch nicht anders beantworten. Diese Antwort muß hundertfältig, sie muß tausendfältig sein, ehe das Kind wirklich ganz fest eingebrannt weiß, daß es geliebt und so wertgehalten wird, daß es so bedenkenlos wie die bedingungslos schenkende Liebe an den eigenen Wert glaubt.

Heilige Mutter, wie viele solcher Briefe müssen wir noch beantworten? Wann ist die Seele des Mädchens Bettina so satt, daß sie es ertragen kann, sich mit all ihren Mängeln anzunehmen und den Mut zum Erwachsenwerden aufzubringen?

„Meine Arme haben jetzt eine viel glattere Haut", schreibt Bettina, „und ein ganz klein wenig Brust habe ich auch schon bekommen. Aber werde ich auch ganz bestimmt nie fett?"

Wir beide Mütter lächeln uns zu. Wie eine kleine ferne Weihnachtsmelodie in Dur klingt uns Bettinas Geständnis. „Leg sie deinem Sohn an den Saum, heilige Mutter, hilf ihr, sein Einbergen zu spüren und davon endgültig satt zu werden!"

Abgehoben in die Realität

Nicht immer ist alles nur Jammer und Wehklagen. Heute haben wir eine große Freude; denn schließlich hatten wir uns die Hände schwielig gemüht, um den jungen todessüchtigen Kletterer im Seil zu halten. Aber da saß er nun – ein schmucker junger Offizier mit einem strahlenden Lächeln in seinen schönen, hellen Augen. Von der hohen Autobrücke hatte er sich in die Elbe gestürzt und war dennoch nicht tot gewesen, wie er es sich gewünscht hatte. Danach – schwer depressiv – lernte ich ihn kennen. Äußerlich hatte er eigentlich nichts auszustehen gehabt, aber dennoch war er schon im Alter von zehn Jahren für ein langes Jahr in einer psychotherapeutischen Klinik gewesen. Mit siebzehn Jahren versuchte er sich durch eben diesen Todessprung vom Leben wegzumogeln.

Die Schule hatte er schließlich dennoch mit dem Abitur abgeschlossen.

„Aber mir ist immer, als hätte ich einen Rucksack auf meinem Buckel, der mehr Gewicht hat, als ich selbst", sagte er.

Wie ihn abwerfen? Sich einmal nicht unterlegen fühlen, wirklich mithalten können, das waren seine Zukunftswünsche. „Im Grunde würde ich gerne aktiv zur Luftwaffe gehen", bekannte er damals.

Erst wollte es mir den Atem verschlagen, aber dann

verstand ich: So gedachte er den schweren Sack seiner Minderwertigkeitsgefühle zu überwinden: Ursach-sein, Beherrscher der Maschine, donnernd im Tornado über die Dächer dahersausen, Beherrscher des Himmels und der Meere.

„Laß es ihn versuchen", dachte es in mir.

„Es ist eine neurotische Berufswahl", entgegnete ich mir selbst. Aber er wird etwas spüren von der freien Luft des Geistes und der Schönheit der Stratosphäre. Es wird ihn erheben können. Er ist doch eigentlich fromm. Er spürt den Vater. Er kann ihm auch so gleichnishaft näherkommen. Er kann sein Ich entwickeln. Bis jetzt fehlte ihm dazu die Gelegenheit, und sonst kann er nicht lebenlernen.

„Wenn Du so gern Fliegeroffizier werden willst, so versuche es doch", hörte ich mich sagen.

„Meinen Sie, daß ich das könnte?" kam es mit einem kleinen Strahl Hoffnung aus den matten Augen. „Versuchen!" erwiderte ich.

Nun also ist das Ziel erreicht. Peter befehligt mittlerweile eine ganze Staffel. An der Spitze eines donnernden Schwarms rast er täglich durch den Übungsraum. ‚Was ist Dein kleines Erdenleid, Du mußt es überfliegen'. Peter hat das in Realität umgesetzt.

Neurotische Berufswahl – heißt das nicht doch auch, daß der Instinkt die gezielte Möglichkeit zur Heilung einzugeben vermag? Peter jedenfalls ist das ausgezeichnet bekommen.

Wir freuen uns.

Die bestohlene Mutter

Die atemberaubende Freude der Weihnachtsbotschaft wirklich zu vernehmen, das ist nicht in jeder Situation möglich. Bei der Familie, die mich heute um Hilfe bat, war das Fest gründlich mißglückt. Und es war eine Verwirrung entstanden, die den ratlosen Familienvater schließlich den Vorschlag machen ließ, fachliche Hilfe in Anspruch zu nehmen.

Im Grunde hatte es ein besonders schönes Fest werden sollen. Das Jahr hatte erfreuliche Veränderungen gebracht. Der einzige Sohn hatte in einer fernen Großstadt ein Geschäft gegründet und geheiratet. Zum ersten Mal wurde das selbständige junge Paar als Besuch erwartet – von der Familienmutter freilich mit einer nicht nur freudigen Spannung; denn sie hatte ein ungelöstes Problem mit ihrer Schwiegertochter: Sie hatte den nicht beweisbaren Verdacht, daß diese bei ihren Besuchen heimlich gelegentlich etwas vom Bestand des Haushaltes mitgehen ließ. Jedenfalls hatte sich – so berichtet der Familienvater – bei seiner Frau geradezu als fixe Idee bei jedem Gegenstand, der nicht sofort auffindbar war, die Mutmaßung eingestellt: Auch das hat Kati gestohlen. Freilich waren die meisten Gegenstände dann irgendwann doch wieder aufgetaucht, ohne daß das zu einer Entspannung und Revision der Verdächtigung bei der Familienmutter geführt hätte. Vor allem fehlten noch immer zwei Damasttischläufer aus ererbtem Bestand. Und deshalb hatte sie sich – als das junge Paar nach Weihnachtswünschen fragte – eben zwei Damasttischläufer gewünscht.

Als das junge Paar zur Weihnachtsfeier erschien und die Mutter das mitgebrachte Geschenk auspackte, gab es ohne Vorwarnung – wie jeder der Anwesenden mehr oder weniger unverständlich registrierte – einen wilden Zusammenbruch der Mutter. Sie schrie, weinte, rang nach Luft und rannte schließlich aus dem Zimmer.

Der Sohn hatte beim Auspacken kommentiert, daß es ihnen beiden trotz verschiedener Bemühungen nicht gelungen wäre, noch einige Stücke von der veralteten Tischwäsche zu ergattern, so daß sie stattdessen einige hübsche, bunte Sets erworben hätten.

Die Familienmutter hatte sich, wie unter einem Schock stehend, in ihr Bett zurückgezogen. Der Arzt hatte ihr eine Beruhigungsspritze verabreicht, aber selbst als sie nach einigen Tagen – längst nach der Abreise des Sohnes – ruhiger geworden war, gelang es ihr nicht, eine Erklärung für ihr Verhalten zu finden.

„Schließlich hatten Sie auf eine Rückgabe des Gestohlenen gehofft“, beginne ich, „da ist doch die Enttäuschung verstehbar.“

„Aber – was ist denn das für eine übersteigerte Reaktion darauf?“ fragt der Ehemann. „Meine Frau neigt doch sonst nicht zur Hysterie.“

„Aber muß sie schließlich nicht auch jetzt gerade den schwersten aller Verzichte leisten, der einer Mutter abgefordert wird: Nämlich, den Verlust des Sohnes – an eine eigenständige Lebensform, eine eigenständige Aufgabe und dann auch noch an eine andere Frau, die ihr bisher noch nicht einmal sehr sympathisch ist? Das ist eine enorm schwere Leistung – zumal, wenn der Sohn, wie der Ihre, als Kind viel krank gewesen ist und besonders intensiver Betreuung bedurfte, der darüber hinaus noch das einzige Kind war (dazu auch noch männlichen Geschlechts!), so daß eine ganz tiefe und besonders innige Bindung aufgebaut worden ist."

Die Familienmutter beginnt bei diesen Worten lautlos zu weinen.

„Und dennoch ist dieser Schmerz ein notwendiger und sinnvoller Schmerz", fahre ich fort. „Meinen Sie, daß Sie zufriedener gewesen wären, wenn er als ein ewig zarter Jüngling immer unter Ihren Flügeln verblieben wäre?"

Heftiges Kopfschütteln. „Aber vielleicht hätte er mit dem Heiraten noch etwas warten und etwas überlegter damit sein können", sekundiert der Ehemann.

„Es ist grundsätzlich sehr schwer, eine Frau für den Liebsten aller Lieben zu akzeptieren", gebe ich zu bedenken. „Im Grunde wünscht man sich für den über alles Geliebten eine Art Engel, und den gibt es nun einmal nicht. Die Schwiegertochter mit ins Herz zu schließen – das gehört eben genau in dieses konstruktive Opfer hinein, das Müttern erwachsener Söhne abverlangt wird", entgegne ich. „Und das ist so sinnvoll; denn daraus entstehen Glück, Frieden und Freude an der neuen Familie."

„Aber sie hat mich doch bestohlen!" meint die Mutter.

„Das ist ein Verdacht geblieben, haben Sie mir erklärt; aber war es nicht so, daß Sie die Heirat der beiden als einen Diebstahl Ihres Sohnes erlebten? Und falls die Schwiegertochter wirklich heimlich etwas mitgenommen hat – hat sie nicht vielleicht gerade die Liebe ihrer

Schwiegermutter holen wollen, die Sie ihr vorenthielten? Auf jeden Fall haben Sie das eigentliche Problem doch offensichtlich auf ein paar Damasttücher verschoben; und deshalb entsprach Ihre Reaktion wohl der eigentlichen Größe Ihres Schmerzes. Schmerzen dieser Art auszuhalten, das ist aber nie im Leben negativ. Es sind Schmerzen, die – wie die der Geburt – neue Lebensstufen vorbereiten, wenn man sie tapfer annimmt. Die Bibel gibt uns in der Haltung von Jesus Christus und in der Haltung seiner Mutter hier eine große Zuweisung: Auch Maria läßt sich von Ihrem Sohn sagen, daß die Zeit vorüber ist, in der sie über das unmündige Kind bestimmen durfte, und auch Maria nahm ihren Anspruch auf den Sohn zurück, als sie sah und erfuhr, daß er seinen großen Lebensauftrag zu erfüllen begann. Sie stellte sich neben ihn, statt weiter ihren Schutzmantel über ihn auszubreiten. Sie gewann eine für Jesus nicht mehr vorrangigen, sondern mit ihm gleichsinnigen Lebensbestimmung. Wenn wir älteren Mütter das von Maria lernen, beschenkt sie uns auch mit ihrer Kraft."

Ein getröstetes, sich selbst verstehendes Elternpaar geht von mir.

Gefängnisausbruch

„Er hat mich nun einmal betrogen, betrogen, betrogen“, bricht es aus der Familienmutter heraus, und dazu schlägt sie mit hartem Knöchel in rhythmischer Bekräftigung auf die Metallkante meines Tisches. „Ich habe nun endlich den Beweis in der Tasche. Und trotzdem gibt er es nicht zu. Es ist ein Skandal! Wie soll eine Ehe ohne Offenheit und Ehrlichkeit eine Gemeinschaft des Vertrauens sein?“

„Ist sie das früher denn gewesen“, frage ich zurück.

„Ach, da war eigentlich in all den Jahren immer ein Rest. Manchmal hatte ich das Gefühl, daß mein Mann auch bei ganz unwesentlichen Sachen gern etwas verheimlichte oder einfach auf Fragen eine falsche Auskunft gab. Ich habe ihn deswegen häufig zur Rede gestellt, aber er wich immer wieder aus – schulterzukkend etwa mit der Bemerkung: ‚Ach, laß mich in Frieden mit Deinem Problematisieren.‘“

„Das hat mich oft so wütend gemacht.“

„Gab es denn auch früher schon Frauengeschichten?“

„Ach, nein, ich glaube nicht. Bisher hat er das einfach nicht gewagt. Ich habe auch immer gesagt: ‚Wenn Du fremd gehst, stelle ich die Koffer vor die Tür.‘“

„Wie alt ist Ihr Mann?“ erkundige ich mich.

„Er ist gerade fünfundfünfzig geworden. Wir haben im vergangenen Jahr silberne Hochzeit gefeiert, und wir hatten eigentlich vor, es nun auch noch bis zur goldenen zu bringen. Im Grunde sind wir eigentlich ein gut eingespieltes Team; und mein Mann gibt mir immer wieder zu verstehen, daß er es gut findet, wie ich unser Familienleben und unseren Alltag gestalte. Er will unsere Ehe auf jeden Fall erhalten. Aber nun hat er sich beim Fasching mit einer Betriebsangehörigen unter Alkohol einen Seitensprung geleistet."

„Sie sind ihm auf die Schliche gekommen. Ist es nicht doch auch sehr verständlich, daß er leugnet, solange es nur irgend geht, weil er fürchten muß, daß sonst all sein Glück zerplatzt wie eine Seifenblase?"

„Na, hören Sie mal", ereifert sich die Anklägerin, „wollen Sie dafür auch noch Verständnis aufbringen? Wie soll denn etwas wieder ins Lot kommen, wenn man es nicht bereinigt?"

„Das ist richtig", gebe ich zu. „Aber hatte er denn eine Chance, daß es wieder ins Lot kommt? Er kennt doch Ihre Drohung, und die werden Sie, als man Ihren Mann bei Ihnen verpetzt hat, doch auch gewiß wiederholt haben."

Die gekränkte Ehefrau nickt. „Ja, gewiß", gibt sie zu, „schließlich war ich wie vor den Kopf geschlagen." „Also, wo ist da die Chance?" beharre ich. „Kennen Sie das nicht auch von Ihren Kindern, daß ihnen die Wahrheit geradezu abhanden kommt, wenn sie fürchten müssen, daß ein greuliches Strafgericht auf sie wartet, wenn sie ihre Sünden zugeben? Das ist oft mehr als einfach nur lügen. Wenn die Angst vor den Folgen des Geständnisses zu groß wird, wirkt im Gehirn praktisch eine Art Klappe. Die Tatsachen werden ruckartig vergessen. Der Angstschutz der Verdrängung bewirkt, daß das Erinnerungsvermögen ausfällt. Interessanterweise ist die

Schwelle für solche Vorgänge beim männlichen Geschlecht übrigens wahrscheinlich niedriger als bei den Frauen. Deshalb begehen statistisch viel mehr Männer Fahrerflucht und können sich von den Vorgängen des Unfalles beim besten Willen oft lange nicht mehr erinnern." „Ja, um Himmelswillen", sagt mein Gegenüber jetzt sehr viel ruhiger, „aber wie kann man denn das beheben?"

„Gewiß nicht, indem man das Geständnis mit Gewalt fordert, um danach gewissermaßen das Strafgericht folgen zu lassen. Wollen Sie eigentlich, daß Ihre Ehe zerbricht?"

„Oh nein, ganz gewiß nicht", schluchzt die Familienmutter; „aber was bleibt übrig, wenn solche Abgründe entstanden sind?"

„Ich glaube, daß viel übrig bleibt für ein gut eingespieltes Schicksalsteam, das sich liebt", erwidere ich. „Schauen Sie – Ehepaare, die es mit der christlichen Forderung nach Zusammenhalt auf Lebenszeit ernstnehmen, sind schließlich geradezu genötigt, einander immer neu zu vergeben; denn Fehler machen wir alle. Wir sind nicht immerzu in der engelhaften Verfassung, daß wir den anderen nur mit überströmender Liebe beschenken. Der Alltag schlägt Wunden – und zwar Wunden der Lieblosigkeit – aus Unachtsamkeit, Rücksichtslosigkeit, in Hektik, aus Überlastung." „Na ja", widerspricht die Ehefrau, „aber das ist doch schließlich nicht mit einem ausgewachsenen Ehebruch zu vergleichen!"

„Ach, es gibt auch dementsprechende Sünden, gewissermaßen verkappte Ehebrüche mitten in der Ehe", wage ich zu behaupten. „So gehört es zum Beispiel zu den notwendigen Bedingungen eines menschenwürdigen Ehebundes, daß der eine dem anderen einen Spielraum läßt; wir Frauen zum Beispiel neigen dazu, unseren Männern unentwegt in die Karten gucken zu wollen. Wir frönen leicht einmal dem Irrtum, daß der uns vollkommen liebende Mann, nichts, gar nichts vor uns geheimhalten dürfte."

„Ja, ist denn das nicht auch so?" fragt verblüfft die Familienmutter, „wie soll es sonst eine volle Vertrauensbasis geben?"

„Aber Männer empfinden das häufig als eine Nötigung zur absoluten Preisgabe ihrer Person, als ein Aufgeben ihrer Individualität. Häufig träumen sie dann sogar, daß ein Ungeheuer, etwa eine Riesenspinne oder eine Riesenkuh dazu ansetzt, sie aufzufressen oder zu erdrücken."

„Aber davon bin ich doch weit entfernt", kontert meine Gesprächspartnerin, „im Gegenteil: Wie oft schüchtert mein Mann uns alle durch autoritäres Gebrüll ein!"

„Aus Angst macht der Tiger Angst, weiß ein chinesisches Sprichwort – und aus Angst kann Ihr Mann seinen Seitensprung nicht zugeben. Er fürchtet sich doch mit Recht. Und ist die Tatsache, daß er der Versuchung erlag, nicht vielleicht doch auch ein bißchen mit darauf zurückzuführen, daß Sie die Leine zu straff gespannt hatten, sodaß bereits der Seitensprung so etwas Ähnliches war wie der Ausfall aus einer seit Jahrzehnten stramm belagerten Festung?"

„O je, nach dem Motto: Der Ermordete ist schuld! Wollen Sie mir unser ganzes Dilemma in die Schuhe schieben?" empört sich die Besucherin abweisend und verletzt.

„O nein, liebe Frau X", beschwichtige ich, „nicht

darum kann es sich handeln, sondern darum, wie Sie Ihre Ehe in guter Gemeinsamkeit fortführen können."

„Ohne Bereinigung?" entfährt es ihr entsetzt.

„Nein", entgegne ich, „dafür wird sicher eines Tages auch die Stunde kommen; aber erst müssen dafür die Voraussetzungen geschaffen werden, indem Sie Ihren Mann besser verstehen lernen, besser als er sich selbst verstehen kann, indem Sie ein wenig von Ihrem gewiß ungewollten, aber unbewußt doch vorhandenen Machtanspruch aufgeben und sich darum bemühen, Ihren Mann so zu lieben, daß er an Ihrer Seite frei atmen kann. Fangen Sie jetzt zunächst einmal bei sich selbst an! Sagen Sie Ihrem Mann, daß Sie das alte Problem nun als unklärbar beiseite legen würden, und zeigen Sie ihm Ihr Durchhaltenwollen!"

Frau X ist skeptisch. „Na, wenn das nur etwas wird! Aber ich kann es ja versuchen."

Bevor sie aufsteht, streicht sie sanft mit der flachen Hand über die Metalleiste des Tisches. Streicheln statt Pochen und Auftrumpfen? Wenn das erreicht wäre, hätte mein Mühen Sinn gehabt!

Berufswahl mit Gewalt

„Unsere Politiker“, stößt die temperamentvolle schwarzäugige Mutter hervor, die mir gegenüber sitzt, „sollten sich einmal um die psychische Folter der Abiturientinnen auf unseren Schulen hier kümmern. Unsere Tochter will nun einmal die zahnärztliche Praxis ihres Vaters übernehmen. Sie hat dafür auch Geschick und Begabung. Das hat sie als Laborhilfe in den Ferien bereits oft erprobt; aber dafür braucht sie nun eben einen Abiturdurchschnitt von 1,2, um überhaupt einen Studienplatz zu ergattern. Durch die gesamte Oberstufe hindurch summiert sich nun dieser Schnitt. Clausur um Clausur wird zum schweißtreibenden Streß. Da wird vorher bis in die Nächte hinein gepaukt, und dennoch ergibt sich zwischendurch immer einmal wieder, daß nicht das vermutete Thema, nicht der erarbeitete Stoff dran kam. Mehr Angst, mehr Einsatz, weniger Schlaf. Dazu diese barbarische Unsinnigkeit, daß die Clausuren wochenlang hintereinander Schlag auf Schlag geschrieben werden müssen, ohne daß eine Zeit zur Erholung auftaucht. Besonders in der Vorweihnachtszeit ist das nun schon Jahr für Jahr so. Was für ein infernalischer Fortschritt, unseren Kindern damit die Adventszeit zu verderben! Schauen Sie sich unsere Tochter an, sie ist fix und fertig.“

Das Mädchen Angelika, dem ich kurze Zeit später gegenübersitze, sieht in der Tat erbärmlich aus: Blaß, fast grün, mit merkwürdig schwammigen Körperformen. „Ich fürchte, ich schaffe es nicht", sagt sie mit tränenerstickter Stimme. „Wissen Sie, das viele Pauken und die Angst vor den Clausuren, das ginge ja noch. Aber die Quälerei danach: Das Ausrechnen der mutmaßlichen Punktzahlen, das Entdecken immer neuer Fehler durch Nachdenken und Nachschlagen – es bringt mich in eine Qual, die mich einfach nötigt, nach Trost zu suchen. Und dann sind da Mutters Weihnachtsbackwerke, und die mich lockenden Speisereste im Eisschrank. Erst bezähme ich mich noch lange, obgleich ich im Bett liege und gegen die Versuchung ankämpfe – schlaflos und vom Arbeiten überdreht ohnehin. Und dann gebe ich der Versuchung nach, schlinge alles in mich hinein, bekomme Bauchweh und Widerwillen gegen mich selbst und kotze schließlich alles wieder heraus. Das hat sich nun schon so richtig eingeschliffen und macht mich gänzlich verzweifelt; denn nun fange ich bereits beim Arbeiten an, ans Essen zu denken. Die Konzentration kommt mir abhanden. Ich fasse nichts mehr auf. Ich bin überhaupt nicht mehr dabei, Bildungsgut in mich hinein zu schaufeln, sondern ich sitze auf einer widerwärtigen Grundstufe. Ich komme mir vor wie ein Mastschwein; aber das hat es im Grunde wesentlich besser als ich; denn es darf den Fraß wenigstens behalten, ärgert sich nicht darüber und muß kein Abitur machen."

„Wie steht es denn mit Ihren Noten?", frage ich zurück, „haben Sie das Abitur nicht praktisch bereits in der Tasche?"

„Im Grunde ja", erwidert das junge Mädchen, „aber

wenn ich jetzt nicht auf meinem Niveau bleibe, habe ich keine Chance, den Numerus clausus für Zahnmedizin zu brechen."

„Und wenn Ihr Fressen nun eine tiefere Bedeutung hätte?", wage ich zu bedenken zu geben. Angelika schaut mich verständnislos an. „Nun", versuche ich zu erklären, „ganz offensichtlich ist Ihre Lebensweise seit Jahren nun schon so einseitig, so überspannt, daß Ihre Seele dafür einen Ausgleich so nötig braucht, daß sie Ihren Willen überrennt."

„Aber warum dann dieser Rückfall auf das Gewöhnlichste vom Gewöhnlichen?", fragt Angelika in Abscheu vor sich selbst.

„Vielleicht haben Sie das Gewöhnlichste nicht wert genug gehalten? Oder es ist bei Ihnen als Kleinkind nicht ernst genug genommen worden? Denn auch der Leib ist ja nicht einfach verachtenswert und gewöhnlich. Er ist vielmehr ein Tempel Gottes. Er hat auch seine Rechte. Macht man ihm seine Berechtigung zum Dasein streitig und gibt dem Kopf mehr Ehre als ihm zusteht, so meutert er und macht quasi Revolution und holt den Kopf aus seiner dünnen Luft herunter in die irdische Sphäre."

„Ja, aber ich habe diese Verrücktheit des Ausbildungssystems doch nicht gemacht", entfährt es Angelika.

„Aber muß man sich ihm denn wie ein Sklave oder wie ein zur Folter Verdammter unterwerfen?" frage ich.

„Ja", sagt Angelika hartnäckig, „anders kann ich ja nun mal keine Zahnärztin werden."

„Aber wenn der Weg dahin Ihrer Seele nun einmal nicht bekommt?" gebe ich zu bedenken, „ist das nicht ein Zeichen, daß ein anderes Schicksal auf Sie wartet?"

„Was ist das, Schicksal?" hakt sie nach.

„Die Schickung von Signalen, die einem verraten, wo

die eigenen Möglichkeiten und Grenzen sitzen." „Meinen Sie, ich könnte noch irgend etwas anderes als Zahnmedizinerin sein?"

„O gewiß doch", verrate ich aus meinem Testergebnis der verunsicherten Angelika, „Ihre Seele ist voll von hochwertigsten Begabungen. Sie haben einen breiten Spielraum an Möglichkeiten; aber ihre intellektuelle Belastbarkeit ist nicht endlos. Mit ihr müssen Sie sorgsam umgehen."

„Meinen Sie, ich sollte nicht alles so starr auf die eine Karte setzen", fragt Angelika nachdenklich.

„Ja, genau. Gehen Sie mit ein wenig mehr Gelassenheit in den Endspurt. Machen Sie sich klar, daß ein nicht ganz so guter Abiturdurchschnitt noch keineswegs bedeutet, daß alles aus ist. Sie haben gekämpft, als hinge vom Schnitt Ihr Leben ab. Das tut es nicht; im Gegenteil: Vielleicht werden Sie gerade durch eine nicht so extrem gute Leistung zu einem echten Reifeschritt geführt, zu dem Wissen, daß man nicht alles im Leben nach dem eigenen Willen erzwingen kann, und daß man seinen Weg auch in das Vertrauen zu dem Schicksalslenker stellen darf, der alles Leben bestimmt: zu Gott."

Heilige Mutter, bitte für das Mädchen Angelika und seine Eltern. Führe du sie aus der sklavischen Prestigehaltung unserer Zeit heraus! Bitte Jesus, deinen Sohn, daß er sie erfassen möge mit SEINEM Wertsystem, damit ihre seelische Verkrampfung sich löst und sie sich in Seine Hand geben mag; denn wie sonst sollte sie spüren können, was unser Vater Gott mit ihr, diesem Mädchen, mit dem Engelsnamen vor hat? Sicher kann man auch als Zahnärztin ein Engel werden; aber als erstes hat er offensichtlich vor, dieser Familie zu zeigen, daß selbst das Kreatürliche vor IHM Rang und geschöpfliche Würde hat.

Besinnungspause durch Krankheit

Eine Virusinfektion hat meine Lunge angegriffen. Sie tritt in Norddeutschland epidemisch auf und fällt vor allem die Älteren an, gerade diejenige Generation, die bisher zäh gesund, in ihrer Kindheit ungeimpft, die damals noch virulente Volkskrankheit Tuberkulose abwehrte, ohne krank zu werden. Gegen diesen neuen Übeltäter hat die Schulmedizin noch kein brauchbares Therapeutikum entwickeln können. Erstaunt erlebe ich an mir selbst, wie sie mich mit all ihren Kanonen beschießt; aber ihre Aktionen gegen den röhrenden Hustenfeind in meiner Brust erscheinen mir ähnlich wie unsere Art der Abwehr gegen die Heere der feindlichen Bomber auf die sächsischen Großstädte, die ich als Flakwaffenhelferin aktiv miterlebte. Da schoß unsere Batterie auch regelmäßig gegen die mit bedrohlich anschwellendem Brummen auftauchenden englischen Geschwader ein höllisches Sperrfeuer, mit dem wir aber nicht einen einzigen der tausendfachen Todbringer vom Himmel holten. Zäh haftet der Virus – nun schon über Wochen, schließlich über Monate –. Vortragsverabredungen fallen ins Wasser, mehr, immer mehr. Die Praxis muß auf Sparflamme gedrosselt werden.

Mich bekümmert mein Versagen; aber obgleich ich zum ersten Mal im Leben merke, was das ist, ein sich gegen einen feindlichen Eindringling wehrender Körper, obgleich ich für die Menschen leide, deren Hoffnungen ich enttäusche, bin ich andererseits in dieser erzwungenen Isolation wie unter einem Schirm. Ich höre vor Tag oft, wie der Gesang der Vögel einsetzt, ich freue mich am aufkeimenden Frühling.

Auch darin erinnert die Situation ein wenig an die Kriegsjahre im Jugendalter. Wenn da in unserer norddeutschen Stadt nächtens Fliegeralarm gewesen war, fiel am nächsten Tag die Schule aus. Und obgleich ich im allgemeinen gern zur Schule ging, brachte das scheußliche, Todesgefahr ankündigende Aufjaulen der Sirenen doch dieses merkwürdige Gefühl der Entlastung durch die Katastrophe: Die Anstrengung der Pflichten entfällt plötzlich; und das bewirkt gleichzeitig ein absonderliches Gefühl der Befreiung – selbst mitten in der damit vertauschten Todesnähe. So hat die mir durch die Krankheit aufgenötigte Entpflichtung auch hier nicht nur Schattenseiten. Die Symbolik der Märchen rückt näher: Gretel trägt die Schätze, die sie der Urhexe abgerungen hat, auf dem Rücken der weißen Ente hinüber über das Wasser hin zum Vater ... „Herr, ich überlasse mich dir, mach mit mir, was du willst. Wenn nur dein Wille sich an mir erfüllt, so ersehne ich weiter nichts, mein Gott. In deine Hände lege ich meine Seele ... mit einem grenzenlosen Vertrauen, denn du bist mein Vater“, schreibt Charles de Foucauld. Und so hat auch dieses mein zur Zeit so ganz anderes Leben Sinn, der gelassen macht. Um so eindrucksvoller ist für mich manche Reaktion der um mich Besorgten meines Freundeskreises: Die einen mutmaßen, daß der Teufel darauf aus ist, die Mitstreiter Gottes schachmatt zu setzen, die anderen nehmen an, daß Gott für mich nun ein Leben in der Stille schickt, viele auch – und deshalb allein schreibe ich hier darüber – wollen mir einreden, es gälte, dir, Heilige Mutter Maria, abzuschwören, weil du in meiner neuen Konfession einen Christus verdunkelnden Raum einnehmen würdest. Aber davon kann gar keine Rede sein. Im Bereich des Katholizismus gibt es gerade und ganz besonders im Marianischen Jahr viele Bestrebungen, sich streng an die biblische Aussage zu halten und damit einen Konsens zwischen den Konfessionen herzustellen. Maria ausschalten zu wollen, das heißt, sich eine überstrenge Glaubensform aufzuerlegen, die sehr schnell sektiererisch werden kann und den Menschen in die Gefahr bringt, sich von der Realität zu entfernen, „abzuheben" von all der irdischen Mittellage zwischen „Tier und Engel", in der wir Menschen uns nun einmal befinden. Maria zu integrieren, das heißt, die Natur in uns zu bejahen und gleichzeitig mit ihr und durch das Vorbild der Gottesmutter zu versuchen, statt der Umklammerung durch die Naturhexe, der Herrscherin des Materiellen, anstatt den Urmuttertrieben zu verfallen, uns zur „oberen Mutter" hinaufzuhangeln. Das heißt aber auch: Das bessere, gereinigte Leben zu suchen, der gottgehorsamen Liebe mehr Raum zu geben als der nur kreatürlichen; denn so will Gott seine Geschöpfe zur Transzendenz führen. Sich selbst, sein Ego zu verleugnen, wie Christus das fordert, das heißt schließlich noch lange nicht, naturhafte Mütterlichkeit und Weiblichkeit ganz auszuschalten. Nein, sie will ganz im marianischen Sinne integriert werden. Aber ihrer Herrschaft zu entraten, das kann uns als älteren Frauen in einem konstruktiven Entwicklungsprozeß nur gelingen, wenn wir vom marianischen „Fiat mihi", vom unbedingten Gottgehorsam bestimmt bleiben. Nur dann ist es für uns schaffbar, als Mütter erwachsener Kinder in die zu Gott hin pilgernde Gemeinschaft der Gläubigen zurückzutreten. Der Lebensweg der Maria ist ein Sinnbild für menschliche Entwicklungsmöglichkeit auf das Gottesziel hin mit einer unvergleichlichen Durchschlagkraft und Wahrheitsgröße. Deshalb ist christliche Religion ohne Marienverehrung ein Torso. Konfessionelle Richtungen, die das versuchen, erstarren oder verwahrlosen.

Wenn man erst einmal begriffen hat, wie sehr dies alles auch mit entwicklungspsychologischen Fakten zusammenhängt, dann empfindet man es als eine spezifische Teufelei, daß die Mode weiche Weiblichkeit, die den Mädchen in der Pubertät zuwächst, verleugnet und zum Hungern zwingt. Und auch die Antibabypille – so läßt sich nach 25jähriger Erfahrung mit ihr sagen – dient leider nicht allein einer Befreiung der Frau von unerwünschter Schwangerschaft. Sie hat auch die Gefahr heraufbeschworen, immer mehr Frauen an den Trieb zu fesseln, und sie hat die Versuchung verstärkt, aus der Ehe und den familiären Pflichten auszubrechen. Es ist ein Fehlweg, die Frauen in eine sogenannte autonome Selbstbestimmung zu treiben. Dann muß der Glaube schließlich ein dünnes, mehr und mehr versiegendes Rinnsal werden und an fehlgepolter Egozentrik zugrundegehen.

Dein Bild Maria, ist durch all die modischen Teufeleien in eine gefährliche Zurücksetzung geraten. In der Tat: Die Hilfe der „Erde“ ist hier ebenso not wie geistige Flügel; so wie es in den Offenbarungen des Johannes (12, 8) als Rettung vor dem teuflischen Drachen beschrieben wird. Heilige Mutter! Ich werde den Menschen weiter meinen Auftrag vermitteln: Daß durch die naturnahe Liebe der Mütterlichkeit geistnahe Liebe zum Sohn und Vater vorgebahnt wird, und daß das der schmale, aber der erfolgreiche Weg ist, der Himmelreich bedeutet, jener Himmel, von dem Christus sprach und der sich offenbar auch bereits mitten in widerwärtigen Erkrankungen in diesem Leben erleben läßt.

Die alte Witwe

Auf dem Heimweg von der Messe, während noch das „Salve Regina“ des Schlußliedes der Gemeinde in mir nachklingt, durchquere ich das kleine frühlingdurchflutete Parkstück am Fluß. Vor mir hat sich eine schmale Frau von einer Bank erhoben, schwankt und bricht dann zusammen. „Oh, mein Bein, mein Bein“, jammert sie, während ich mich über sie beuge. Ich versuche behutsam, sie aufzurichten. Das linke Bein ist fast doppelt so dick wie das rechte. Die alte Frau kann es nicht aufsetzen. Mit großen angstvollen Augen schaut sie mich an. Ich hebe sie hoch und schleppe sie zur Bank zurück, setze mich neben sie und erkläre ihr, daß ich mein Auto holen würde, um sie heimzubringen. Wo sie wohne? Die schmale Alte fährt sich über die schweißnasse Stirn. Ja, wo sie wohne? Sie muß lange nachdenken. Auf einmal weiß sie es wieder. Ich verspreche, sie heimzufahren. Unterwegs erzählt sie mir einiges: Sie ist 84 Jahre alt, sie lebt allein. Ihren Mann hat sie im Krieg, ihre Kinder bei den Bomben auf Leipzig verloren. Die Eltern besaßen ein Gut im Sächsischen. Alles ist dahin. Nein, Freunde habe sie keine, nein, auch keine Verwandten, nein, keine Gemeinschaft, nein, keinen Arzt. Aber eine Wohnung.

Eine Mietskaserne tut sich vor uns auf: Hier, ja hier im fünften Stock wohne sie. Glücklicherweise hat das Haus einen Fahrstuhl. Der Weg dahin wird endlos.

Schließlich stehen wir vor der Türschildreihe im fünften Stock; aber der Name der alten Frau, den sie mir inzwischen hat anvertrauen können, ist nicht dabei. Heißt sie vielleicht doch anders? Wohnt sie vielleicht gar nicht hier? Aber der mir Anvertrauten ist das anscheinend viel weniger wichtig als mir, die ich sie praktisch in meinen Armen halte. „Einen so wunderbaren Sohn hatte ich", erzählt sie, und ihre Augen füllen sich mit Tränen. „Er war so jung, so fröhlich, so kraftvoll, so gut und so erfolgreich. Alles hat mir der Krieg genommen."

Ich kann die Greisin nicht mehr halten. „Setzen wir uns erst einmal auf die Treppe", schlage ich vor.

Umständliches Manövrieren.

„Wo wohne ich?" fragt die Alte. „Irgendwo und nirgends. Ich gehöre hier schon lange nicht mehr her. Ich will zu meinem Mann, zu meinen Kindern."

Ich lege ihr den Arm um die Schulter, ich streichele sie, wortlos mitweinend.

Maria, bitte, Heilige Schmerzensmutter, hilf uns!

„Ich werde Ihre Wohnung suchen", sage ich und lehne die kleine erschöpfte Gestalt an die Wand der Mietskaserne, die gänzlich ausgestorben zu sein scheint.

Schließlich finde ich auch tatsächlich ein Türschild mit dem Namen der alten Frau: Im dritten Stock.

Mühsames Fahrstuhlfahren, schließlich ein passender Schlüssel in einem Schloß. Mühsamer Transport auf einen Sessel mit Fußbank. Waidwunde Augen schauen mich an. Ich rufe einen Arzt an. Er verspricht zu kommen. Ich suche etwas zu trinken, aber außer dem Wasser aus der Leitung gibt es nichts in der Küche der Greisin. Nein, in ein Heim wolle sie nicht; nein, fremde Menschen fürchte sie; und behalten könne sie sowieso gar nichts mehr.

Ich schreibe ihr hilfreiche Adressen auf einen Block. Hilflosigkeit. Bis der Arzt kommt, hocke ich mich neben die Kranke. „Mütterchen“, sage ich tröstend und streiche über ihre zusammengelegten Hände, „der Doktor wird helfen, unsere Medizin ist so tüchtig.“

Plötzlich hält sie meinen Arm ganz fest, umklammert ihn. „Helfen Sie mir!“ kommt es beschwörend.

„Wir Mütter helfen einander“, fällt es mir ein zu sagen. „Eine ist auch unsichtbar mit hier im Raum, die Heilige Mutter, die auch einen so wunderbaren Sohn hatte und die ihn ebenfalls opfern mußte, hinein in einen fürchterlichen Tod. Sie hat dafür gesorgt, daß wir nie mehr ganz allein sein können. Ihr göttlicher Sohn ist auch jetzt bei uns, ist mit Ihnen.“

„Jesus?“ kommt es hell in so gar nicht begriffstutziger Erwiderung.

„Ja, und auch seine schmerzensreiche Mutter, deren Schicksal dem Ihren so ähnlich ist. Sie und der Sohn können wirklich helfen!“

Strahlende Augen plötzlich, während das letzte Angstzittern vergeht.

„Ich werde Sie anrufen“, versichere ich ihr, während ich dem Arzt die Klinke in die Hand gebe.

Beklommen verlasse ich das menschenleere Wohnsilo.

Am Abend rufe ich an.

„Wer sind Sie?“ fragt die mir vertraute Stimme, „ich kenne Sie nicht. Was, Sie waren bei mir? Nein, das Bein? Das tut nicht mehr weh! Ich brauche keinen Arzt, ich brauche keine fremden Menschen.“

„Gut, Mutter Plaat, aber Sie sind nicht mehr allein, nicht wahr?“

„Nein, überhaupt nicht“, sagt die Alte fast fröhlich.

Das Telefon knackt. Sie hat aufgelegt.

Trauerarbeit

„Er war mein Stiefvater“, erklärt die junge Frau und hält mir das Foto eines bärtigen, etwa 60jährigen Mannes entgegen – das Gesicht eines Weisen mit lebendigen Augen, „aber das ist nicht im mindesten die Kennzeichnung unserer Beziehung. Meine Mutter hat ihn erst geheiratet, als ich bereits erwachsen, aus dem Haus und berufstätig war. Sie starb nach kurzer Ehezeit an den Folgen eines Autounfalls. Er blieb allein zurück, und da wir uns so gut verstanden, bin ich zu ihm gezogen, um ihn neben meiner Tätigkeit in einer kirchlichen Institution zu versorgen.

Aber auch dies umschreibt nur unzureichend mein Leben und meine Beziehung zu diesem Gelehrten in den vergangenen zehn Jahren. Es war eine unfaßbar schöne Zeit, weil er mich dem Glauben nahe brachte und weil wir seine Werke miteinander schrieben, redigierten und korrigierten. Wir haben Geisthöhen und Stunden der Gottesnähe miteinander durchlebt. Unsere geistig-geistliche Gemeinschaft bestand in ungetrübter Hochstimmung. Ich hätte mir nie träumen lassen, daß so etwas überhaupt möglich ist. Und dann das Furchtbare: Ein Krebs im Verdauungssystem wurde bei ihm festgestellt. Operationen, Bestrahlung, Hoffnung – neue Operation, Todesurteil durch den behandelnden Arzt. Das Todeslager unter entsetzlichen Schmerzen. Er hat furchtbar leiden müssen; nicht körperlich allein, sondern durch das Höllische der Qualen auch seelisch. Er hat durch die Anfechtung des: ‚Mein Gott, mein Gott, warum hast du mich verlassen', voll hindurchmüssen. Er hat gekämpft, und die Versuchung des Abfalls von Gott, die die unerträglichen Qualen ihm aufnötigten, schließlich doch bezwungen. Er ist in der friedlichen Gewißheit gestorben: ‚Alles ist gut. Ich werde jetzt heimkehren zu meinem Vater, zu Jesus Christus.'

Ich bin von diesem ‚Alles ist gut' lange Monate getragen worden. Mich hat das gehalten. Ich habe zunächst kaum einen Schmerz empfunden; aber dann plötzlich war diese Stimmung vorüber. Es war fast so, als wenn auf einmal eine schmerzdämpfende Schutzhaut von mir genommen war. Und nun versank ich in eine Trauer, der ich wehrlos ausgeliefert war. Es steht zur Zeit so sehr im Mittelpunkt meines Fühlens und Denkens, daß ich meine geistliche Hälfte, meinen Lebenssinn, verloren habe. Ich bin allein, bin leer, bin nichts. Ich stehe wie neben mir, sehe mich, bin aber gleichzeitig fühllos, entleert, wie ausgelöscht. Können Sie sich das vorstellen? Und was mich am meisten beunruhigt: Warum hält mich der Glaube nicht mehr? Warum habe ich ein solches Gefühl von Verlassenheit, von bodenlosem Alleinsein? Das dürfte mir bei all der guten geistlichen Vorbereitung doch gar nicht passieren!"

„Wieso dürfte Ihnen das nicht passieren?" frage ich zurück. „Haben Sie mir nicht gerade berichtet, daß selbst Ihr so hochstehender, frommer, geistreicher Vater mitten in seinen schlimmsten Leiden durch ein solches Glaubenstief hindurch mußte? Schauen Sie, besser und frömmer als Christus im Schacht der Schmerzen kann es uns Menschen doch gewiß nicht gehen können!"

„Aber warum kommt dieses Tief so spät, so viele Monate nach dem Tod des Vaters?" rätselt die Trauernde. „Erst war da doch wohl die Heilsgewißheit des geliebten Toten, die meine Schutzhülle bildete; aber der Tote scheint sich fortgesetzt von mir zu entfernen. Und erst dann fiel ich in den Schacht des Bewußtseins über den Verlust. Und erst dann wurde ich auf mein Ich zurückgeworfen; ich hatte das Gefühl, erst an diesem Zeitpunkt meinen großen geistigen Freund wirklich zu verlieren." „Die großen Mythen beschreiben diesen Vorgang in der Tat so, zum Beispiel die Orpheussage: der Sänger sucht in der Unterwelt seine verstorbene Eurydike, verliert sie dort aber erst wirklich. Sie sind jetzt auch im Reich des ‚Todes', und dieser Gang ist unumgänglich, wenn es sich um tiefe Bindungen handelt, deren Verlust eine unauslotbare Lücke hinterläßt. Das atheistische Genie Freud hat diesen Zustand der Trauer um einen geliebten Toten eine ‚narzißtische Kränkung' genannt, eben, weil in diesem Stadium der Verlust bewußt wird und der Mensch sich selbst im Spiegel des Verlustes als ein Verarmter, Verelendeter empfindet, dem etwas Unwiederbringliches verloren gegangen ist. In diesem Stadium entsteht damit Trauer um sich selbst. Einen archetypischen Verlauf kennzeichnet Ihre Empfindung in dieser Phase also allemal. Für den Christen in der Nachfolge ist das eben ein Hinabgeworfenwerden in das ‚Reich des Todes'; aber für ihn geht die Sache besser aus als für den in Depression versinkenden Sigmund Freud angesichts des Todes einer geliebten Tochter; dem Christen, der den Hades gehorsam und geduldig aushält, ist er nur ein Durchgang – auch bereits als dunkle

Tiefe einer Trauer um den geliebten Menschen hier während seiner Lebenszeit. Ich darf Ihnen verheißen: Wenn Sie diese Zeit mit einem bejahenden ‚Fiat mihi' durchstehen, werden Sie aus dem Hades, der Scheol, oder wie wir das Reich des Todes sonst noch bezeichnen mögen, zu neuem Leben entrinnen. Eines Tages wird diese Stimmung der Verlassenheit vorüber sein – freilich unter einer Voraussetzung: Daß Sie weiter am Glauben festhalten, und das heißt, wenn Sie trotz des Gefühls der Leere das Wissen, dennoch in einem immer präsenten, liebenden Gott geborgen zu sein, nicht aus dem Blick verlieren. Förderlich ist in einer solchen Phase übrigens auch, die Nähe zu Maria, der Mutter Jesu, zu suchen. Sie hält für Menschen, die im Schock des Verlustes um einen Toten stehen, einen besonders wirksamen Schutzmantel bereit; schließlich steht die Pietà dem Inhalt Ihres Schmerzes ganz besonders nah. Die Hölle des Kreuzweges, der Todesstunde, der Kreuzabnahme, der Beweinung, des Begräbnisses – und die absolute Nacht des Schmerzes danach – sie hat das so erlebt, daß sie seitdem immer präsent ist, wenn ihren Kindern, gläubigen Christen, Ähnliches geschieht." „Meinen Sie, ich werde jetzt nicht einfach untergehen? Ich komme mir zur Zeit häufig vor wie ein Mensch, der, an eine schmale Brüstung geklammert, über einem Abgrund hängt. Wie lange wird meine Kraft, mich zu halten, noch ausreichen?"

„Sie sollten nach der Länge des Prozesses nicht fragen. Keiner weiß sie – nur der Vater! Aber wenn Sie sich auf die Sicherheit der Geborgenheit durch Gottes Hand verlassen und diesen Gedanken so oft wie möglich denken, schaffen Sie sich ein geistiges Sprungtuch. Sie wissen eben: Letztlich können Sie, solange Sie glauben, nicht fallen, und wenn, dann allein in Gottes Hand. Ja, mit der Gewißheit dieses Gefühls dürfen Sie sich ruhig fallen lassen, auch hinein in das hemmungslose Übermanntwerden durch den Schmerz. Die Erfahrung, die Sie dann machen: Die der schmerzgesättigten Tröstung, des Umschlossenseins durch die Himmlischen und auch sogar dann wieder von Ihrem toten Freund werden Ihnen helfen, diese Trauerphase durchzustehen und zu überwinden."

„So einfach ist das?" fragt zögernd hoffend die junge Frau.

„Ja, unendlich schwer, aber doch einfach zugleich", nicke ich.

Maria vom Kamin her hält ihren Schutzmantel weit geöffnet.

Okkultismus, ein Weg zur Transzendenz?

„Daß ich je bei einem Psychoklempner landen würde", schüttelt der 17jährige über sich selbst den Kopf. „Und von mir aus wäre ich auch jetzt nicht auf die Idee gekommen, wenn meine Eltern mich nicht getreten hätten. Aber zugegebenermaßen wird mir das allmählich unheimlich. Irgendwie habe ich meine innere Ruhe total verloren. Obgleich ich nun schon nicht mehr wage, mich im Dunkeln schlafen zu legen, sondern immer eine Nachttischlampe brennen lasse, komme ich nicht mehr zurecht. Mal knackt es irgendwo, raschelt, säuselt, klatscht gegen das Fenster, oder was sonst noch alles. Oft wache ich aus Angstträumen, in denen ich meist von dunklen Gestalten oder Horrorviechern bedroht werde, schreiend und schweißgebadet auf. Aber auch am Tag: Ich sitze in der Schule in irgendeiner Klausur. Es ist still im Raum, und plötzlich ist mir, als öffne sich vor mir ein Abgrund. Manche Sachen sind auch einfach merkwürdig: Ich suche in meiner Tasche mein Kaugummi. Es ist nicht da. Ich greife ein zweites Mal hinein: Da kommt es mir geradezu entgegengesprungen."

Kündigt sich in diesen Symptomen eine Psychose an? Mein jugendlicher Patient und ich einigen uns auf eine psychodiagnostische Untersuchung. Sie befreit uns von dem bedrückenden Verdacht. Peter verfügt über eine gesunde Realitätskontrolle, über eine flexible Intelligenz, aber auch über eine sehr starke emotionale Ansprechbarkeit.

Peter lächelt mir befreit zu, als ich ihm diese Auskunft gebe und rückt dann unversehens mit der Wahrheit heraus. „Ach, im Grunde weiß ich auch, wodurch meine Unsicherheit entstanden ist. Ich habe mich gemeinsam mit meiner Freundin an den okkulten Sitzungen einer Sekte beteiligt. Uns hat das einfach neugierig gemacht. Wenn es stimmt, daß diese unsere reale Welt hier nicht das Einzige ist, wenn die Behauptung der Spiritisten wahr ist, daß es Geister gibt, daß die Seele mit dem Tode nicht stirbt, ja, daß man über Medien mit Verstorbenen Kontakt bekommen kann, dann wäre es doch dumm, allein an der glatten Oberfläche des Lebens zu verharren. Es gibt da ja auch schließlich erstaunliche Geschichten, z. B. die Berichte der Kübler-Ross oder der per Medium ohne Narkose operierenden Ärzte und die Berichte parapsychologischer Phänomene durch Professor Bender, Freiburg. Und selbst Goethe hat doch im Faust I gesagt: ‚Die Geisterwelt ist nicht verschlossen, dein Herz ist zu, dein Sinn ist tot‘. Und das war doch schließlich auch kein Spinner, sondern ist nach wie vor der größte deutsche Dichter."

„Was haben denn nun die Spiritisten dazu gesagt, daß es Dir nach den Sitzungen begann, psychisch schlecht und schlechter zu gehen?"

„Ach, das haben sie uns bereits vorher erklärt, daß es möglich wäre, daß sich dämonische, böse Geister an den für die Geisterwelt Geöffneten anheften könnten."

„Und was hat man Dir da als Gegenmittel empfohlen?"

„Nein, nichts, sie haben nur gesagt, daß man das wissen müsse, ähnlich wie die möglichen Nebenwirkungen eines Medikaments oder einer Operation, und daß man das allein verantworten müsse, daß sie, die Sitzungsleiter, dafür jedenfalls nicht die Verantwortung übernehmen könnten."

„Und darauf hast Du Dich dann auch gern eingelassen, nicht wahr?" frage ich nicht ganz ohne Grimm.

„Na ja, probieren geht doch nun einmal über studieren", versucht sich Peter zu rechtfertigen, „und Hokuspokus allein schien mir das auch nicht zu sein, was das Medium da von sich gab."

„Bist Du eigentlich getauft?" frage ich. „Nein, weder getauft noch konfirmiert. Meine Eltern sind ungläubig und lange schon aus der Kirche ausgetreten. Unsere Schule bot für uns Heiden ja den Ersatzunterricht ‚Werte und Normen' an. Aber der hat mich überhaupt nicht befriedigt. Für wen oder was soll man denn eigentlich angestrengt und asketisch gut sein, wenn es sich doch ohne solche Fesseln viel angenehmer leben läßt? Es muß doch mehr dahinter stecken. Auch große Wissenschaftler meinen das doch sogar. Ich habe deshalb jetzt einmal angefangen, das Johannesevangelium zu lesen. Das verstehe ich zwar nicht richtig, aber es kommt irgend etwas auf mich zu – etwas Tiefes, etwas, das mich wirklich angeht, verstehen Sie, gefühlsmäßig. Und dann habe ich die Erfahrung gemacht, daß es mich gegen diese komische Geräuschempfindlichkeit irgendwie etwas abschirmt. Aber nun sagen Sie mir bitte erst einmal klipp und klar: Was glauben Sie, gibt es Geister, oder haben meine Eltern recht, die das alles für Spinnerei halten?"

Ich lausche und staune. Als ich vor 30 Jahren mit meiner Tätigkeit als Kinder- und Jugendlichenpsychotherapeutin begann, pflegte sich jede Menge der Jugendlichen mit dem Argument eines wissenschaftsgläubigen Atheismus von ihren gläubigen Eltern abzulösen. Und nun schickt mir diese selbstherrliche Elterngeneration ihre Spiritismus-anfälligen Kinder zu! Wie sehr zeigt sich heute, daß eine einseitige übertriebene „Verkopfung“ für seelisch sensible Menschen unerträglich ist, so daß die Suche nach Kompensation drängend wird. Wildwüchsiger Okkultismus, Aberglaube, Spiritismus – sie sind, wie ich in der ‚Macherzeit‘ bereits voraussagte, psychisch die unabdingbaren Folgen.

„Hast Du Goethes Faust denn aber auch weiter gelesen“, frage ich meinen nachdenklichen Gymnasiasten. Und als er nickt, fahre ich fort: „Dann wird Dir nicht entgangen sein, daß auch Faust eine mächtige Irritation erfuhr, nachdem er die Geister beschworen hatte, so sehr sogar, daß er an den Rand des Selbstmords gerät – und unmittelbar darauf in die Hand des Teufels fällt. Mit netter Theaterspielerei hat das gewiß nichts zu tun, sondern das ist eben die Erfahrung des Genies Goethe mit dem Spiritismus gewesen. Die Aussage des Sektenführers über die Gefahr der Annäherung böser Geister läßt sich deswegen sicher nicht einfach von der Hand weisen. Diese Leute wissen eben mit Goethe, daß man bei diesem Spiel mit dem Feuer tatsächlich den Boden unter den Füßen verlieren und schließlich in der Psychiatrie landen kann. Man muß das gewiß ernst nehmen. Nicht die Vorstellung einer übersinnlichen Welt aber ist das Bedenkliche, sondern die Anmaßung, als irdisches Wesen da so einfach herumzuspielen, mal so ein bißchen unverbindlich Kontakt mit Überirdischen aufnehmen zu können. Das genau will uns z. B. das gesamte Faustdrama vermitteln, und in dieser Hinsicht steht Goethe sogar in Übereinstimmung mit der Bibel, die den Gläubigen anempfiehlt, solche willkürlichen ‚Zaubereien' zu unterlassen. Sehr dringlich läßt der Gott der Christen den neugierigen Menschen per Offenbarungsbuch Bibel vermitteln: ‚Laßt Euch an meiner Gnade genügen'. Die Bibel bekundet, daß den Menschen durch das Leben und Lehren von Jesus Christus das an notwendiger Erkenntnis mitgeteilt worden ist, was für uns Menschen hier in unserem Erdenleben heilsam ist.

Durch die Bibel wird uns angeraten, uns an den inkarnierten Gott zu halten, der uns vor der Vernichtung durch die Erde, den Tod, ebenso zu bewahren vermag wie vor der Vernichtung durch seelenzerstörerischen Geist, den Teufel; denn ER, Jesus Christus, beschenkt uns durch seine Gegenwart mit dem einzig heilsamen Geist: der Möglichkeit und Fähigkeit zur Liebe.

Wenn Du diesen Schlüssel erst einmal in der Hand hast, wird sich Dir durch das Bibelstudium aufschließen, was das konkret heißt. Und damit hast Du ja schließlich nun schon angefangen."

Mein junger Besucher denkt nach. „Gut", sagt er, „das kommt meinen Vorstellungen sehr entgegen, nur hatte ich eben das Gefühl, daß mein Lesen und Denken allein den Spuk nicht ganz zu vertreiben vermag."

„Ja", nicke ich, „das ist mir selbst als jungem Menschen ganz ähnlich gegangen wie Dir. Wenn es für den Intellektuellen auch Demütigung bedeutet, so tut ihm die demütigende Erkenntnis doch gerade sehr gut: Ich brauche bei der Annäherung an die übersinnlichen Welt die schutzgebende Gemeinschaft, ich brauche als kleiner, schwacher Mensch die bewährte, legitimierte Struktur, eine feste Form, in die ich mich freiwillig hineinbegebe, weil sie umgrenzt, behütet und den Menschen so einbindet, daß er durch sein wildes, blindes alleiniges

Suchen nicht im wahrsten Sinne des Wortes in des Teufels Küche gerät. Das ist der Sinn von Kirche mit Priestern, die vollmächtig das Mysterium bewahren und es so austeilen, wie es uns Menschen angemessen und für unser Heil bekömmlich ist."

„Meinen Sie, ich sollte der Kirche beitreten?" fragt zögernd mein junger Freund, „womöglich gar der katholischen mit all dem marianischen Kitsch?"

„Mißbräuchliches gibt es in jeder Glaubensform", entgegne ich und zügle mühsam meinen Unmut, „Maria ist Bild der Kirche selbst. Sie ist eben das Urbild, die Urperson lebendiger Leiblichkeit gleich irdischer Wirklichkeit, in der der himmlische heilige Geist einfließt und ihn immer neu gebiert. So wie die Form für den Stoff ist Maria der Mantel, ja die Burg aus Erz, die alle jene Greifklauen, von denen Du dich umlauerst fühlst, abzuwehren in der Lage ist. Ich bin davon überzeugt: Nur das sehr sorgsam eingehaltene Maß an Spiritualität, das uns in der Messe gespendet wird, bewahrt den, der fähig ist, sich dem Geisterreich anzunähern, vor dessen Inflation. Wurstele nicht allein weiter", rate ich dem Jungen. „Such Dir gemeinsam mit Deiner Freundin einen geistlichen Lehrer von Format. Du kannst mir glauben: Du wirst all das Geflüster wieder loswerden. Die liturgische Form der Annäherung an die Himmlischen ist allein legitim. Und dieses Experiment, das mit dem christlichen Glauben, lohnt sich – das ist gewiß."

„Ja", sagt der Junge sehr ernst, „ich muß es versuchen."

Umweg über die Erdmutter?

„Ich weiß nicht, ob es Ihnen möglich sein mag, sich in mein seltsames Problem zu vertiefen", beginnt zögernd die etwa 40jährige Frau, die sich bei mir angemeldet hat, und schaut mich unsicher fragend an. „Es ist ein religiöses Problem und handelt von Maria und mir."

„Ich bin katholisch aufgewachsen und hatte eine sehr fromme, aber auch sehr strenge Mutter. Die tägliche heilige Messe vor der Schule war bei uns Pflicht, jährlich hatten wir an mehreren Wallfahrten teilzunehmen. Den Rosenkranz nicht zu beten, galt als Anwartschaft auf die Hölle. Als ich in die Pubertät kam, begann ich gegen die starre, von Mutters Gehorsamsforderungen geprägte Ordnung zu meutern. Ich verweigerte den Kirchgang, begann mich mit protestantischer Theologie auseinanderzusetzen, konvertierte zur evangelischen Kirche, kaum daß ich mündig war, und studierte lutherische Theologie. Danach wurde ich Seelsorgerin im Diakonischen Werk. Von dort aus machte ich eine tiefenpsychologische Zusatzausbildung nach C. G. Jung. Während ich nun aber zunächst in meiner praktischen Tätigkeit das ganze Gewicht meines Glaubens auf den Dienst an den Nächsten legte und auslebte, ging mir während der tiefenpsychologischen Ausbildung und in der Lehranalyse auf, daß meine bisherige Entwicklung noch wenig mit mir selbst zu tun hatte, sondern lediglich die Auswirkung eines Protestes gegen meine eigene Mutter war. Und darüberhinaus erfuhr ich an mancherlei Träumen von vielbrüstigen Muttergestalten und schwarzen Madonnen, daß das Erdhafte in mir, die vitale Bejahung des Leiblichen, unterentwickelt geblieben war und durch die psychische Arbeit an mir selbst sehr zur Verwirklichung drängte. Ich war damals Mitte Dreißig, und diese Erkenntnis brachte mich in eine geradezu rauschhafte dionysische Phase. Auf einmal war alles Leib, ich ging von einer sexuellen Ekstase in die andere. Ich suchte alle Formen der Leiblichkeit – allein, mit Männern, mit Frauen, in Saunen, an FKK-Stränden. Es war ein ungeheurer Durchbruch, der sich natürlich auch in meiner Arbeit niederschlug. Den eigenen Leib anzunehmen und auszuleben, das war mein Rat, der mir in meiner Tätigkeit vor allem anderen der vorrangigste und wichtigste war. Ich versuchte, ihn anderen weiter zu vermitteln.

Ich nahm an Bildungskursen teil, ich schloß mich der feministischen Theologie an. Wir waren überzeugt, daß Maria eine von der katholischen Kirche lediglich vereinnahmte, verkitschte, entartete Fassung der heidnischen Erdmutter sei, die in unserem Frauenleben immer noch eine beherrschende Rolle spiele.

Das ging ziemlich lange gut, bis mich eine schwere Unterleibserkrankung in ihren Bann schlug. Die Operationen und langen Krankenhausaufenthalte nötigten mich zum Nachdenken. Die vielen Schmerzen schwächten mich. Ich geriet in eine schwere Glaubenskrise. Eine Gebetspraxis hatte ich ohnehin seit Jahrzehnten nicht mehr gepflegt. Ich wußte auf einmal nicht mehr ein noch aus. Ich fühlte mich leer, entleert und im wahrsten Sinne des Wortes von allen guten Geistern verlassen. Ich begann mit dem Gedanken zu spielen, mir das Leben zu nehmen. In dieser Situation hatte ich einen Traum, ja, jedenfalls hoffe ich, daß es ein Traum war; denn ich sah mich in meinem Krankenhausbett, in dem ich tatsächlich lag. Im Rahmen der Tür stand plötzlich eine Gestalt, lichtdurchflutet, in einem weißen Gewand und eine Krone auf einem unendlich edlen, ebenmäßigen Gesicht. Sie schaute mich eindringlich, einerseits tief liebevoll und andererseits tief traurig an. Tränen flossen aus den Augen, und dann hob sie wie einladend die Arme und öffnete einen weiten, innen hellblau gefütterten Mantel.

Ich schreckte hoch und erwachte. Aber da war die Gestalt natürlich verschwunden. Verwirrt legte ich mich zurück. Kein Zweifel: Dies war Maria. Maria als Himmelskönigin, Maria als Mantelmadonna, die katholische Maria, wie sie vielerorts erscheint, weint und angebetet wird. Und gerade von dieser Maria hatte ich mich abgewandt, gerade sie war mir jahrelang ein Ärgernis gewesen. Warum zwang mich das Traumgesicht gerade in meiner ausweglos scheinenden Situation zu neuer Auseinandersetzung mit ihr? Hatte ich mein Kindertrauma immer noch nicht überwunden?

Ich knurrte vor Wut in mich hinein, drehte mich auf die Seite und versuchte, wieder einzuschlafen; aber das gelang mir nicht. Mir wurde klar: Der hier auftauchende geistliche Anspruch war zu stark, als daß er sich in die Verdrängung schicken ließ. Und so machte ich mir gewissermaßen zähneknirschend klar: Dieser Traum signalisierte, du hast Sehnsucht nach Maria, nach einer anderen Maria aber offenbar als der Erdmutter, sondern gerade nach der von mir abgelehnten Himmelskönigin.

nach einer bergenden Mutter mit einem Mantel in der Farbe des Himmels. Aber hatte ich die ätherische Überhöhung der Maria nicht gerade für etwas Blockierendes, für ein unbiblisches Element gehalten? Ich schob die Frage beiseite. Aber denken Sie, ich träumte den gleichen Traum in kurzen Abständen noch zweimal! Das sagte mir schließlich mehr als deutlich: Jetzt muß deine Feigheit ein Ende haben. Was ist denn das für ein Bereich, der dort in dir zur Verwirklichung drängt? Aber es gelang mir nicht, es herauszufinden, und deshalb bin ich jetzt hier."

Ich lausche dem Bericht nach, er macht mich froh, ja, er fasziniert mich. „Mir scheint, daß da in Ihnen ganz schlicht die Wahrheit ans Licht will; denn die Vorstellung, daß die Gestalt der Maria mit der heidnischen Erdmutter, der „Magna Mater" gleichzusetzen sei, erscheint mir als ein gravierender Irrtum der feministischen Theologie. Sie läßt sich mit der biblischen Aussage über Maria gewiß nicht begründen und abdecken. Im Gegenteil: Bereits die Jungfräulichkeit der Maria hebt sie von den Naturvorgängen ab. Ja, gewiß, es ist eine irdische Wohnung, in die der heilige Geist einzog, es ist ein irdischer Leib, in dem sich das Wunder vollzog und vorbereitete: Die Inkarnation Gottes in das irdische Leben hinein, und damit hat sich das Christentum in seinem Kern als gerade nicht leibfeindlich ausgewiesen. Es zeigt sich im Gegenteil durch dieses Geschehen als ausgesprochen leibnah, ja, als leibverinnerlicht. Aber über diesen Ansatz, der auch bereits nur zum Teil noch mit der vielbrüstigen Diana von Ephesus einige Urgemeinsamkeit hat, geht die Aussage des Christentums doch weit hinaus. Die Inkarnation des Gottes der Liebe in die

Erde bedeutet in Gestalt des Lebens, des Sterbens und Auferstehens von Jesus Christus doch gerade die Integration der Natur in die Liebe. Gerade die Befreiung von der Alleinherrschaft der Natur über den Menschen ist doch das Ziel der Erlösungstat unseres Gottes auf Golgatha. Bevor Maria ihr „Fiat" sprach, bevor Jesus Christus als Mensch und Gottessohn zugleich hinzutrat, konnte der Mensch jenseits von Eden vor der endgültigen Umklammerung durch die Todesmacht der „Königin der Nacht" nicht sicher sein. Aus Angst vor ihrer Allgewalt neigte der alttestamentarische Mensch schließlich doch auch immer wieder neu dazu, in die Anbetung der alten Naturgöttinnen zurückzufallen und so zu vergessen, daß ihm die Propheten doch bereits das Sein des lebendigen, gnädigen Gottes Jahwe übermittelt hatten. Die verzweifelten Strafgerichte Gottes traten im Alten Testament genau immer dann ein, wenn hier ein Rückfall drohte, der dem Willen Gottes so sehr widersprach wie nichts anderes sonst. Keine moralische Verfehlung kam diesem „Ehebruch" des auserwählten Volkes mit Gott gleich. Deshalb ist es auch kein guter moderner Fortschritt, wenn sogar im Bereich der Kirche die Mentalität der Erdgöttin wieder betont wird. Im Gegenteil: Das ist eine Entwicklung, die einen bibelkundigen Christen auf das Tiefste beunruhigen muß. Die Erdgöttin befreit nicht von Krankheit und Tod. Im Gegenteil, sie macht krank, und sie tötet. Der Gott der Christen ist eben gerade das Gegenprinzip gegen die Königin der Nacht. Deshalb ist Maria zwar Natur, aber gereinigte Natur, deshalb ist es folgerichtig und notwendig, daß Maria eine Jungfrau ist, eine reine Magd. Maria steht am Beginn des Befreiungsdramas des Menschen vom Tod durch den Tod ihres sich den Menschen opfernden Gottes, der ihnen gerade auf diese Weise seine unermeßlich große Liebe kundtut. Maria ist mehr auch als eine Projektion von instinktsicherer Mutterschaft, sie ist viel mehr als Leib allein. Mit der Begleitung ihres Sohnes in seinen Lebensauftrag hinein, überwindet sie – von Christus belehrt – ihren naturhaften mütterlichen Machtanspruch. Sie enträt der verschlingenden Hexenmentalität der ‚Magna Mater' in sich selbst, indem sie sich zurücknimmt und sich in die Schar derer, die ‚den Willen des Vaters im Himmel tun', einreiht. Hier ist ein orientierender Weg für uns Menschen vorgezeichnet.

Sie haben durch Ihre Kindererfahrung einen mißbräuchlichen, einen rigiden Katholizismus erlebt. Der Ausbruch hin zur Erdgöttin war deswegen vermutlich ein unumgänglicher Umweg. Denn das Leibliche ist für uns irdische Menschen sicher nicht umgehbar. Auch der Leib ist köstliche Schöpfung und ohne seine Bejahung können wir höhere Reifestufen vermutlich nicht gewinnen. Aber durch die Ausweitung zur Grenzenlosigkeit in dem sehr späten inneren Prozeß sind Sie dann doch in die Gefahr einer Regression geraten: Des Rückfalls in die Identifikation mit dem Kreatürlich-Materiellen allein. Das kann ebenso wenig gut gehen, wie die Auslieferung an das andere Extrem, das Sie bereits durchlitten hatten, an eine Leibfeindlichkeit. Der Mensch ist zwar aus Erde gemacht, aber Gott hat ihm seinen Odem, und das heißt, den Geist der Liebe, eingegeben. Die Leere, die Sie zu spüren bekamen, entsteht durch die Abwendung von der Liebe als Gottesgeschenk. Sie als Gnade zu bejahen, heißt dankbar zu werden und glauben zu dürfen. Diese Beziehung ist nun einmal das Ziel und der Sinn unseres Lebens. Ihr Traum besagt: Ihr Unbewußtes weiß, daß die Mutter aller Mütter weint, wenn eins der Kinder unseres Gottes verloren zu gehen droht. Gerade sie, die durch Glauben, Gehorsam, Liebe und Opferung ihrer Natur den Himmel gewonnen hat und so in der Tat zur Himmelskönigin geworden ist, gerade sie hofft doch, daß dies jedem in die katholische Kirche hineingetauften Menschen gelingt.

Schauen Sie, Sie verstehen so viel von den von C. G. Jung entdeckten Archetypen. Maria ist die Mutter der irdischen Kirche und in ihr lebendige Person – aber sie ist darüber hinaus der Archetyp der Himmelskönigin, so, wie sie in den Offenbarungen des Johannes dargestellt ist: Jene Gestalt, die der Erde nahe steht, der durch die der Erde geholfen wird, die aber gleichzeitig Flügel hat, und das heißt: Sie kann sich und uns in eine Höhe erheben, die Bewahrung vor dem Bösen und Vorgeschmack des Himmels zugleich ist."

„Was soll ich tun?" fragt meine Besucherin erschüttert und tiefbewegt. „Sich mit Maria vertraut machen und die Erdgöttin hinter sich lassen", empfehle ich. „Dann wird Ihnen eine neue geistliche Fülle zuwachsen, nach der sich Ihre Seele zu sehnen begonnen hat."

„Geht das in der evangelischen Konfession?" kommt es leise.

„Diese Frage überfordert mich", entgegne ich. „Sie sollten es versuchen. Sie sind selbst einen so tiefen Erfahrungsweg gegangen, vielleicht können Sie gerade deshalb mit Gottes Hilfe hier einer Umkehr zur Wahrheit mit zum Durchbruch verhelfen; denn die Kompensation verkopfter Geistlichkeit mit archaisch dionysischen Elementen ist Heidentum, ist Mißbrauch des

Namens unseres Gottes, der, wie das zweite Gebot weiß, selbst den langmütigen, geduldigen Gott der Liebe nötigt, die sich so Verirrenden zu bestrafen. Vielleicht gibt Ihnen Ihre Erfahrung und Ihre Vorbildung nun auch die Überzeugungskraft, warnend Ihre Stimme zu erheben; denn lebendigen, fruchtbaren, christlichen Glauben ohne Maria gibt es nicht."

Das letzte Holzscheit verglüht knisternd im Kamin, während ich dieses niederschreibe. Warm und nah leuchtet das Antlitz der Heiligen Mutter aus dem Goldgrund hervor zu mir hin. Meine Maria, die nahe, trostreiche, Still-barmherzige, Mitbangende an meiner Seite! Aber diese ihre Wirklichkeit in meinem Alltag entspringt letztlich nur ihrer Demut, ihrer sich verkleinernden Zu-Neigung zu leidenden Menschen. Wie in dem Traum der Kollegin ist meine Maria letztlich mehr – sie ist auch die ganz majestätische, ganz hohe, hoch über all uns Frauen Erhobene und Erhabene, sie ist mehr als ein Vor-BILD auf der letzten Wegstrecke meines Lebens. So sehr ich für meine Arbeit die sich Zuneigende, die Beschützende, die verstehende mütterliche Gefährtin brauche, suche ich doch hinter all diesen Schleiern der Menschlichkeit ihr wahres Wesen, das Sein einer glanzvoll hohen Gestalt. Die Maria zum Anfassen, die Maria auf meiner Ebene, so wurde mir in den nachdenklichen Nächten deutlich, ist ein Ausfluß ihrer an uns tätigen Gnade allein. Diese Erfahrung kann uns aber leicht zur Anmaßung verführen. Maria ist uns nicht gleich. Sie ist reiner als wir Menschen sein können. Nicht Maria anzusprechen allein, nicht nur zur „Maria in mir" hineinzulauschen ist mir heilsam. Letztlich finde ich ihre Wahrheit, indem ich zu ihr hinaufschaue, vor ihrer Majestät in die Knie gehe und sie bitte, für uns bei ihrem großen Sohn zu bitten. Ich kann durch ihre Gegenwart neuen Mut fassen, wenn ich selbst mich wieder und wieder erdmutterhaft benommen habe. Bei ihr darf ich mich einbergen, wenn mich die Welt bedroht. Bei ihr darf ich meine Furcht vor dem Gericht Gottes über unser modernes Sündenbabel abgeben. Und in ihrem Schutzmantel darf ich der Fürsprache für uns Sünder bei Christus gewiß sein.

Joachim Illies über Christa Meves

Wenn ein Biologe auf ein unbekanntes Exemplar stößt, ist die Freude groß. Sein System bewährt sich: An Ähnlichkeiten erkennt er die Verwandtschaftslinien, und bald ist die neue Art bewältigt und eingeordnet. Irgendeine geistige Schublade steht dafür längst bereit. Selbst Nessie aus Schottland würde keine Schwierigkeiten machen, wenn es sie nur gäbe!

Beim Menschen ist alles komplizierter, auch die Einordnung. Was ist das eigentlich für einer? fragen wir. Je weniger er in den Heringsschwarm paßt, je eigenwilliger er ist und je unzeitgemäßer, um so schwieriger wird das Problem – und um so beunruhigender. Sollte es gar jemand sein, der in kein vorgegebenes Schema paßt (mit dem man also schnell fertig wäre), sondern der etwas Neues darstellt (und mit dem man sich auseinandersetzen muß)? Das wäre unbequem, das mobilisierte Widerstände. Denn alles, was uns zum Umdenken zwingt, macht uns die Mühe des eigenen Neubeginns und oft genug dazu die Not der Einsicht in eigenen Irrtum.

Christa Meves ist ein solches unbequemes Novum in unserer Gesellschaft. Wer ist sie eigentlich? Diese Frage als bedeutungslos unter den Tisch zu kehren wäre das bequemste: Irgendeine Psychologin und Pädagogin weit hinten in der Heide, wen würde die kümmern! Aber das ist sie nicht, sondern nach Ansicht ihrer Gegner ein

„Flurschaden", ein „neuer Drachentöter", ein ernstes Hindernis für die Emanzipation der Fortschrittlichen, ein grobes Ärgernis für manche ihrer Fachkollegen. Mit einem Wort: Sie ist unübersehbar geworden, sie steht manchem störend im Licht und ist groß genug, um Schatten zu werfen. Mit einem einmaligen Bucherfolg von weit mehr als einer Million Exemplaren ihrer Werke in wenigen Jahren, mit Übersetzungen in viele Sprachen, mit deutschen und internationalen Auszeichnungen ist sie zu einem Begriff geworden, zum Gütezeichen einer ganz eigenen neuen Haltung.

Paßt in keine Schablone

Hier wurde nicht jemand von der Presse oder einer Lobby hochgespielt, hier wurde nicht einer von Amts wegen als Professor am bewährten Institut und als Trommelbube auf ideologischem Trampelpfad berühmt und schwimmt nun mit als Treibholz auf der Zustimmungswoge der allezeit zu akademischer Heldenverehrung aufgelegten Menge. Im Gegenteil, gegen alle Zeittrends sind ihre Aussagen gerichtet. So antikonformistisch und unzeitgemäß sind ihre Mahnungen, daß man jeden Menschen mit dem Wunsch nach Karriere und Geltung vor den Königsthronen unserer Institutionen nur davor warnen kann, es mit Christa Meves zu halten oder sich gar auf sie zu berufen. Ja, man muß sich fragen, wie es überhaupt möglich ist, daß eine Autorin und Rednerin es mit so unbekümmerter Brutalität gegen sich selbst, mit so berserkerhaft antizyklischen Heils- und Bildungskonzepten jemals zu dieser Publizität bringen konnte.

Der Widerstand gegen sie ist im Grunde leichter zu begreifen als ihre Erfolge, denn sie stellt unbequeme Forderungen, sie macht auf peinlich unumgängliche Konsequenzen aufmerksam, sie deckt elterliche Sünden auf und verzichtet darauf, den bequemen Sündenbock (die Gesellschaft, das Milieu, die Zeitumstände) gleich mitzuliefern, sondern mahnt wie ein alttestamentlicher Prophet zur Umkehr, denn „Ninive darf nicht untergehen!" Solche Töne hört man nicht überall gerne. Und wie sollte man auch, gerade jetzt, wo der Fortschritt auch die Frauen erreichte, wo sie endlich – durch Pille und soziale Emanzipation – zur gleichen Freiheit wie die Männer berufen schienen, wo die jungen Mütter gerade in hellen Scharen zur Selbstverwirklichung am Arbeitsplatz aufbrechen wollten.

Es sprach und es spricht eigentlich nur eins für Christa Meves, nur eines kann das Wunder ihrer großen Erfolge und ihrer ständig wachsenden, begeisterten Anhängerschaft erklären: Sie hat recht! Die Not der Eltern einer aus den Fugen geratenen jungen Generation, die steigende Flut der Schulnöte, der Verhaltensstörungen, der Süchte, der Verwahrlosung, Bindungs- und Ordnungsfeindlichkeit vieler Jugendlicher – und dahinter, als tiefere Schicht des Schadens, der Verlust an Bindung, an Religiosität, an Bereitschaft zu demütiger Einsicht in die Notwendigkeiten der Schöpfungsordnung und ihrer Wachstumsgesetze in der ganzen Gesellschaft –, das alles schwillt an zu einem Strom von Angst und Verzweiflung, der den Ruf nach Umkehr und Rettung auslöst. Zugleich wächst der Überdruß der Eltern an Ideologie und an politischen Patentrezepten, die sich als Illusionen erweisen, und es wächst eine allgemeine Immunität gegen die Fortschrittlichkeit um jeden Preis, vor allem, wenn sich solche „Befreiungsrezepte" gegen den Grundbestand der Familie richten.

Viele (fast alle) Ideologen haben offenbar den Widerstand unterschätzt, der mobilisiert wird, wenn Eltern spüren, daß ihre Kinder Schaden nehmen. Selbst Amtssessel von Kultus- und Familienministern werden da zu Schleudersitzen. Christa Meves aber bekommt – vermutlich zu ihrem eigenen Erstaunen – zu spüren, daß Hunderttausende im Lande nach der bitteren Medizin greifen, die sie zu bieten hat. Denn ihre Medizin hilft, diese (wirklich so bittere?) Erkenntnis, daß Frauen nicht immer beides zugleich sein können: Mütter und Berufstätige, daß Kinder nur dann zu glücksfähigen Erwachsenen werden können, wenn ihnen eine erste, mehrjährige Einübung in das Glück der Geborgenheit in einer engen Mutter-Kind-Beziehung am Anfang ihres Lebens geschenkt wurde usw.

Christa Meves ist ebenso unzeitgemäß, wie sie notwendig ist für unsere Zeit. Daß sie in keine Schablone paßt, ist eher ein Zeichen ihrer Bedeutung als ein Fehler. Als Tiefenpsychologin ist sie den Freudianern zu jungianisch und den Jungianern zu freudianisch, als Psychagogin den einen zu naturwissenschaftlich, den anderen zu konservativ, den einen zu behavioristisch, den anderen zu lorenzianisch, als Puristin den einen zu katholisch, den anderen zu evangelikal. Wie denn – von jedem etwas, ganz wie's beliebt? Nein, im Gegenteil: von jedem das Richtige, ob es beliebt oder nicht!

Während bei Sigmund Freud ein Heilverfahren zur Anthropologie aufgebläht wird und bei C. G. Jung sich jede Mythologie zuletzt im Subjektiven auflöst, entwikkelt Christa Meves aus verschiedenen Quellen – vor allem in ständiger eigener Beobachtung und therapeutischer Kontrolle – ein neues Konzept vom Menschen, in das die Ergebnisse der Genetik, der Verhaltensforschung, der Umweltforschung und Enwicklungsphysiologie, der Pädagogik von Montessori bis Flitner, der Biologie von Portmann bis Spitz, der Philosophie von Scheler bis Gehlen und der Tiefenpsychologie von Freud bis Jung in dem Maße Eingang finden, wie sie sich als wirksam und heilend erweisen.

Echte Wissenschaft ist immer so vorgegangen: Sie prüft alles und behält das, was sich an der Wirklichkeit bewährt. Und welche großartige Möglichkeit der Bewährung steht da gerade der Heilkunde offen: Die richtige Diagnose bewährt sich am Heilerfolg und beweist ihre Richtigkeit an der Prognose. An der eingetroffenen Voraussage erweist sich die Wissenschaftlichkeit des Ansatzes. Nachweislich vor 20 Jahren schon sagte Christa Meves voraus, daß es bald ein Heer von Verwahrlosten, von Süchtigen, von Schreib- und Leseschwachen und von jugendlichen Dieben in unserem Lande geben wird. Leider ist die Richtigkeit dieser Voraussage heute von niemandem mehr zu leugnen. Es muß schrecklich sein, so sehr recht zu behalten, wenn man so Schlimmes klar voraussah und es doch nicht verhindern konnte!

Aber schön muß es sein zu spüren, daß dort, wo die Not wächst, „das Rettende auch“ wächst, und zwar die Bereitschaft, aus der Not zu lernen. Und noch eine bewegende und tröstliche Grunderkenntnis tritt zutage: Eine große Zahl von Menschen läßt sich trotz aller Bemühungen nicht ideologisieren, sondern beharrt auf dem Recht, Fehler zu erkennen, Träume und Schäume zu durchschauen und sich realitätsgerecht und sogar unter persönlichen Opfern für das Angemessene, für das Richtige zu entscheiden.

Christa Meves

Wunschtraum und Wirklichkeit, Band 433, 160 Seiten, 13. Aufl.

Die Bibel antwortet uns in Bildern, Band 461, 160 Seiten, 14. Aufl.

Ehe-Alphabet, Band 485, 128 Seiten, 25. Aufl.

Freiheit will gelernt sein, Band 517, 144 Seiten, 11. Aufl.

Lange Schatten – helles Licht, Band 590, 160 Seiten, 6. Aufl.

Antworten Sie gleich. Lebenshilfe in Briefen, Band 635, 144 Seiten, 5. Aufl.

Ich reise für die Zukunft, Band 715, 144 Seiten, 2. Aufl.

Kleines ABC für Seelenhelfer, Band 810, 160 Seiten, 4. Aufl.

Ich will mich ändern, Band 885, 128 Seiten, 3. Aufl.

Der Weg zum sinnerfüllten Leben, Band 931, 352 Seiten

Erziehen und Erzählen, Band 976, 128 Seiten, 4. Aufl.

Das Großeltern-ABC, Band 1019, 160 Seiten, 6. Aufl.

Erziehen lernen aus tiefenpsychologischer Sicht, Band 1031, 256 Seiten, 4. Aufl.

Bist Du David?, Band 1069, 128 Seiten, 2. Aufl.

Christa Meves

Was unsere Liebe vermag, Band 1104, 320 Seiten

Kraft, aus der Du leben kannst, Band 1117, 144 Seiten, 3. Aufl.

Lebensrat von A–Z, Band 1187, 352 Seiten, 3. Aufl.

Aus Vorgeschichten lernen, Band 1231, 128 Seiten

Wurzeln des Glücks, Band 1356, 320 Seiten

Mut zum Erziehen, Band 1360, 128 Seiten

Positiv gesehen, Band 1501, 128 Seiten, 2. Aufl.

Der alte Glaube und die neue Zeit, Band 1541, 192 Seiten

ZUSAMMEN MIT JOACHIM ILLIES

Lieben – was ist das?, Band 362, 128 Seiten, 17. Aufl.

Mit der Aggression leben, Band 536, 128 Seiten, 8. Aufl.

Unterwegs. Ein Briefwechsel in der Not unserer Zeit, Band 769, 176 Seiten, 3. Aufl.

Geliebte Gefährten. Tiere als Hausgenossen und Miterzieher, Band 845, 128 Seiten

Dienstanweisungen für Oberteufel, Band 900, 160 Seiten, 5. Aufl.

ZUSAMMEN MIT HEINZ-DIETRICH ORTLIEB

Macht Gleichheit glücklich?, Band 682, 160 Seiten, 4. Aufl.

Herder Taschenbuch Verlag